不急不卷的
教育

权栋 林蕙 牛犟 著

扫二维码免费听书

山东文艺出版社

图书在版编目（CIP）数据

不急不卷的教育 / 权栋，林蕙，牛犟著 . -- 济南：山东文艺出版社，2024.6

ISBN 978-7-5329-7089-6

Ⅰ . ①不… Ⅱ . ①权… ②林… ③牛… Ⅲ . ①家庭教育 Ⅳ . ① G78

中国国家版本馆 CIP 数据核字（2024）第 033341 号

不急不卷的教育

BUJI BUJUAN DE JIAOYU

权栋　林蕙　牛犟　著

主管单位	山东出版传媒股份有限公司
出版发行	山东文艺出版社
社　　址	山东省济南市英雄山路 189 号
邮　　编	250002
网　　址	www.sdwypress.com
读者服务	0531-82098776（总编室）
	0531-82098775（市场营销部）
电子邮箱	sdwy@sdpress.com.cn
印　　刷	山东新华印务有限公司
开　　本	710 毫米 ×1000 毫米　1/16
印　　张	18
字　　数	210 千
版　　次	2024 年 6 月第 1 版
印　　次	2024 年 11 月第 2 次印刷
书　　号	ISBN 978-7-5329-7089-6
定　　价	55.00 元

版权专有，侵权必究。如有图书质量问题，请与出版社联系调换。

总 策 划　林 蕙

顾问委员会　（按姓氏拼音排序）

　　　　　陈兆京　杜爱民　董素蓉　盖　莹

　　　　　贾文静　李　平　刘宗斌　李宗磊

　　　　　裴立璐　魏晓红　王　帆　邢玉平

Contents 目 录

序 / 001
普通家庭的父母如何陪伴孩子走向名校 / 林蕙

坚持长期主义，有温度有深度地陪伴 / 001

  图南求学于某省会城市普通高中，在全球新冠疫情和申请人数激增等不利条件下，成为该市近十年来第一个被耶鲁大学本科录取的学生。在图南的成长过程中，南妈如何和她一起阅读、观影、旅行……让她积淀了丰富的精神世界？

温暖靠谱男孩被"点燃"的理想 / 027

  威宇本科就读于美国西北大学教育学院，在哈佛大学教育学院硕士毕业后，又去哥伦比亚大学修读第二个教育硕士项目。他受到了怎样的影响，这么热情坚定地投身教育研究？

人生如棋局局新 / 049

被清华大学录取的光奕,一路平稳成长,高考力拔头筹。光奕爸和光奕父子相伴学练国际象棋的经历,给了他哪些多维度的影响?

避开"刷题"和"内卷"高效生长 / 069

有嘉就读于普通高考班,高二作为"业余选手"被剑桥大学有条件录取。嘉妈是如何帮助有嘉避免重复性刷题,选择避开"内卷"的路径,呵护她学习和探索的兴趣?

妈妈和女儿,彼此的"天才女友" / 087

依在高中经历了严峻的挑战。入读厦门大学后,峰回路转,申请到苏黎世联邦理工学院深造。依妈与依独特的母女关系,如何给了她宽松、快乐又不断挑战自我的环境?

把控大方向,静待"小宇宙"爆发 / 109

范范小学和初中阶段学习成绩不是特别突出,高中时期突然发力成绩飙升,申请到 UCLA(加州大学洛杉矶分校)。大学阶段继续"狂飙",转学到芝加哥大学。范爸如何看待儿子小学、初中的慢成长和高中、大学的快发展?

松弛有度，更自由更茁壮 / 129

鲲从普通小学入读以素质教育闻名的大学附中，高中继续留在本校，后考入上海交通大学。热爱自然、古道热肠、宽松朴实的家风，给了鲲怎样松弛自由的成长土壤？

"余光"和"暖光"中养成宝藏女孩 / 151

卓卓多才多艺，本科入读复旦大学中文系，研究生就读于香港大学，之后进入剑桥大学攻读博士学位。如今大多数孩子的戏曲素养几乎为零，卓卓却能精彩表演京剧和昆曲，其演绎的民族舞和绘画也活色生香。这个宝藏女孩是怎样长成的？

"超常小孩"成长中的"无心插柳" / 173

小腾出生在北方省会城市，小学随父母迁入北京后，五年级进入人大附中早培班，后考入北京大学元培班。在小腾的成长之路上，家庭的引导有哪些"有心栽树"和"无心插柳"？

好奇心是理想的"魔法师" / 189

就读于UCLA（加州大学洛杉矶分校）的小晨经历了对比鲜明的蜕变，刚上小学时一写作业就哭，后来分秒必争学业优异，立志攀登物理高峰。他"不用扬鞭自奋蹄"的内驱力是怎么培养出来的？

"实验室小孩"的内心觉醒 / 209

小理从小学到初中,课余时间基本都是在"科研达人"妈妈的化学实验室里度过。妈妈严谨、专注、刻苦的科研态度,对后来小理入读韦尔斯利女子学院产生了什么影响?

科学育儿的忠实信徒 / 225

在妈妈的精心早教下,贝贝入读小学后即起点高、能力强。她从普通高中入读乔治华盛顿大学,后转学布朗大学。贝妈如何因循所读的教育理论引导和调整贝贝的成长之路?

附录 / 249

我的申请"豪赌",我的耶鲁大学 / 图南

与孩子建立安全依附的关系 / 威宇

跋 / 265

我们为何倡导不急不卷的教育 / 文照

序

普通家庭的父母如何陪伴孩子走向名校

林 蕙

两年前的夏天,一群朝气蓬勃的年轻人作别高中,怀揣国内外各大学的录取通知书,奔赴祖国各地以及太平洋彼岸或英伦三岛,开启了新的人生历程。曾经"巢成雏长大,相伴过年华"的父母们骤然空巢,在抱团取暖的聚会中,孩子的成长和教育永远是聊天的主题。家长们发现各家孩子性格、兴趣、优长各不相同,成长中各有各的精彩与独到,也各有各的弱点和挫折;他们的父母所从事的职业、家庭收入、教育理念也各有分差。但这些孩子都被录取到了传统意义上令人羡慕的国内外名校,并且无一不展现出阳光、快乐、朝气的青春风采。

这些家庭具有一些明显的共性：孩子们都很普通，就是邻家甚至同桌的小孩，没有上过高不可攀的著名小学、中学，没有北上广深国际学校的背景，并非都赢在起跑线上；他们的父母没有煞费苦心择校买学区房，没有一个是虎妈狼爸"鸡娃"。可是这些父母无一例外都高度关注孩子成长的每一步；在孩子小的时候就积极培养其热爱阅读并且持之以恒地积累；帮助孩子从小建立规则意识，培养利他精神，热心公益；这些家庭的亲子关系宽松安全，两代人的对话平等并相互尊重，父母总是在孩子需要助力的时候适时而有分寸地出现。同时家长自己也是终身学习理念的践行者，在育儿的道路上不断地修正拓展自己……是的，孩子茁壮成长的背后必定是有原因、有规律可循的。在教育成为社会焦点的今天，"内卷""躺平""摆烂"成为高频热词的当下，何不把这些孩子成长的经验和教训结集成书，凝聚成一个个鲜活的样本供家长们借鉴和参考？并且因为这些真人实例的普通家庭，都不在北上广深等大城市，他们把"精心的散养"化于静水流深的细枝末节，取得的成功具备了更有说服力、更有共情基础的借鉴与参考价值。以更接地气的关怀与温暖，带来更多的和鸣、共情、治愈、启发，同时也提出可操作性强的建议，是本书的立足点。

几位年过半百的父母在探讨亲子关系、教育成长等问题的激荡下，摩拳擦掌，焕发出这个日渐萧索的年龄少有的热情与兴奋，仿佛重新回到了激情澎湃的青春年华。

很快，该书的团队拟出了12个孩子的父母作为深度访谈对象，这12个孩子本科分别入读：清华大学、北京大学、上海交通大学、复旦大学、厦门大学、耶鲁大学、美国西北大学、剑桥大学、乔治华盛顿大学、韦尔斯利女子学院、UCLA（加州大学洛杉矶分校）等国内外名校，有的大二转入芝加哥大学、布朗大学，或者是研究生阶段进入了哈佛大学、剑桥大学等名校。12个孩子中1个小学二年级时因父母工作变迁去往北京，小学五年级凭实力考入人大附小；1个在美国入读高中，1个在厦门完成12年的基础教育，其余均在北方省会城市完成小学、中学的教育。

爬梳12个孩子的成长经历，没有一丝雷同的故事。探讨如何考进名校不是本书的唯一目的，做书之初访谈小组的定位就非常明确，如果只是做成一本升学指南，就窄化了这些孩子和父母共同成长的丰富和精彩。不是孩子考入排名靠前的大学才是好的案例，能激发孩子潜力，呵护孩子梦想，令孩子在努力的过程中熠熠生辉，获得心仪的录取结果的同时，收获自信和希望，才是送给孩子一生的成长礼物。

书中的孩子们在2000年前后出生，这些优秀的孩子，学习成绩好，综合素质高，组织活动能力强，有自己的爱好和特长，个人发展较全面，他们目标明确、远大并能自律、扎实地为之而努力。他们的父母在20世纪六七十年代出生，不同世纪出生的两代人处于不同的环境中，如何在新的环境中培养孩子，对父母是全新的课题。他们的父母在不断吸取相关知识与经验、在与孩子和社会的互动中摸索教育孩子的理念与方法，他们是新世纪第一拨家庭教育的积极探索者、实践者，其中的磕磕绊绊、困惑纠结、成功喜悦，一次次撞击着他们的心灵、提升着智慧。

成长是一生的事业，这些家庭让孩子生长出一生受益的奋斗理想和温暖、有智慧、有乐趣的生活。这些孩子的成才得益于家庭的教育前沿理念，家长从幼儿起就用心培育、引导加上孩子自己的努力，考入名校是水到渠成、天道酬勤、功夫在诗外。有温度有深度的陪伴、与孩子充分沟通互动、有世界眼光的教育理念，为孩子打下了坚实的根基。

本书访谈小组成员和被访谈者为同年代的父母，从"私角度"切入，彼此对话，袒露孩子与父母一路成长的印记，分享个性化的思考与探索，多方位挖掘其家庭教育的精髓，更能体会为人父母对孩子倾注的心血和感情，对遇到的问题更能产生共鸣、共情。通过深度对谈，还原不同家庭的教育理念和方法，有共性也有个性，让读者了解在这些孩子成长的过程中，父母如何与孩子一起探索和成长，如何增进孩子克服困难和认知世界的智慧，如何培养孩子探求世界的欲望和独立生活的能力，如何培养有世界视野、自驱力强、有科学思维的孩子，如何和孩子一起探讨什么是成功、什么是幸福。其中有踩过"坑"的教训，也有颇富启发性的"亮点"经验，可以带给读者深层次的思考，根据自己家庭的情况选择合适的育儿方式，为孩子的未来成长提前做准备。

这些成长回溯，被访谈者与写作者都没有短斤少两，也没有注水，没有添油加醋，以极具支撑力的细节架起了多维度的故事，更想让读者窥见的是这些被访谈家庭背后的三观和思维论、方法论的明晰路径。所以，文章的呈现也不拘一格，既有叙述式的，也有对谈式的，为的是更好地保留被访谈者与写作者的特色。遵照孩子本人的意愿，一些孩子使用了化名。

一年多的时间，访谈小组在繁重的本职工作之余，利用周末、节假日等时间数度采访、几易其稿，终于成文。当然，做点有意义的事情的激情不代表没有埋伏着考验，这些从来没有当过作家的家长，其间不是没有过"拔剑四顾心茫然"，不是没有过沮丧，不是没有想过放弃。

但正像书中《坚持长期主义，有温暖有深度地陪伴》的图南妈妈，2021年夏在浦东国际机场送别孩子时勉励她："勇敢地做个大人吧，努力就好，但也允许所有的事与愿违！"这个春天，万物复苏，万象更新，这些已过天命之年的父母也选择勇敢地重新出发，做内心明亮、脚踏实地的人。

当然，这些个案不是关于家庭教育的确定答案，而是提供一些来自真实生活的参考，引发更多的人思考家庭教育如何取得更好的成效，如何成为更好的父母，如何让孩子成为更好的未来之才。教育和成长不是只有A或B的选项，也可能是C、D……未来的人生，也不是只有一条路径，而是可以通向四面八方。

孩子的人生不是轨道，是旷野。

教育永远在路上，在这本书历时一年多的访谈与几易其稿的推敲和润色中，孩子们也完成了两年的大学学业，我们在回访中欣喜地看到，书中的12个孩子，没有一个懈怠躺平，把入读名校当作人生的天花板。他们在奔赴更广阔的山海后，依然保持昂扬向上的精神，在他们的身上，始终保持着对学习的热爱，对世界的探索和创造，对公益的热心。正如《把控大方向，静待"小宇宙"爆发》一文中被访谈家庭的孩子说的："真正的强者把人生当游戏来打，人生就是不停地打怪升级，相比于虚拟世界中的游戏，人生这场游戏更有趣也更有挑战性，所有的学习、经验教训的积累，就是储备进阶的各种装备。只有弱者才会把打游戏当作全部的人生。"

做一个未必妥帖的比喻，陪伴孩子成长，引领方向，及时纠偏是不是也多少如同医生。那么：

一般的医生只能看到表面的问题，头疼医头，脚疼医脚。这是用"症状"解决"是什么"的问题；

优秀的医生知道头疼可能是由其他部位病变引发，会尝试找寻问题的根源，解决头疼的问题。这是用"原因"解决"怎么办"的问题；

更高明的医生，站在人的身体作为一个有机的系统角度出发，提前预防，同时在出现问题以后，组织会诊，系统解决问题，让人拥有健康的体魄。这是用"系统"解决"为什么"的问题。

普通人一味追逐结果，优秀的人关注成因。

要相信：只要开始，永远不晚。种一棵树，最好的时间是十年前，其次是现在。正所谓"一生二，二生三，三生万物"，本书想提供的正是这样举一反三的启发、借鉴。又如泰戈尔在《用生命影响生命》诗中写的："把自己活成一道光／因为你不知道，谁会借着你的光走出了黑暗……"这就是我们勇于把这本写作难免稚嫩，但特别真诚的12个样本分享给大家的初衷。我们希望借这点微光，如蝴蝶扇动翅膀，如石子投入水面，给被焦虑迷茫炙烤灼烫的家长一点启发和借鉴，让更多的孩子得到合理的引导和陪伴，在松弛有度中成长为更优秀的自己。世间哪一个父母陪伴孩子走过一程的目的，不是为了放手让孩子坦然地过好这一生呢？

对家长们的访谈结束后，我们还特别向目前就读于耶鲁大学的图南和哈佛大学硕士生威宇约稿，请风华正茂的两位年轻人写下他们追求与思考，收在附录中，以便读者作为互文参照，从不同的视角，了解父母子女两代人的思考和求索，得到启发。

那么，现在就打开这本书，和书中的父母、孩子一起探讨成长的经验吧。

坚持长期主义,
　　有温度有深度地陪伴

家长经验帖：

真正的价值是长期主义，日积跬步，终至千里。

教育是送给孩子最好的成长礼物。阅读构建了一个人的精神成长史。保护孩子的阅读热情比读什么更重要；以经典为主，读得博杂，警惕流行的过度诱惑。

观影与旅行是送给孩子的另一种礼物，电影和旅行的广袤与丰富，扩展了个体的生命经验和感知。

激发自驱力，一万小时定律，大巧若拙，天道酬勤。

要有一个远见，超过你的未见。为人父母也应该始终求知若渴，虚怀若谷。

却顾所来径，苍苍横翠微

4月7日，对于别人是个普通的日子，沈图南一家却难以忘怀。那天藤校放榜，但他们一家三口兵分三地。当电话另一端图南尽力保持淡定，仍难掩激动报出"耶鲁录了"时，南妈觉得起了一身鸡皮疙瘩，没有外人想象中的举家欢呼、拥抱、喜极而泣的戏剧性场景。随后，南妈依然挤公交车到十站外的出版社上班，满车没人知道她揣着如此大的喜悦。此后很长日子，南妈都沉浸在一种不真实的晕眩感中。图南求学的北方某省会城市普通高中国际班，从未有人破冰耶鲁，何况还雪上加霜——全球疫情下，托福、SAT、AP考试遭受各种波折，一边是申请人数激增，一边是录取率下降，岂敢奢望命运女神会将幸运的金苹果抛给图南？

仿佛是一场梦，图南真的升级打怪，穿越重重窄门，成为耶鲁女孩了吗？最初的梦幻感过去后，南妈并没有太多的喜出望外，反而非常平静。耶鲁是很多学生仰望的月亮，没有人敢轻狂到认为可以如探囊取物。近年来在家长和孩子们焦虑的面容下，"内卷"越来越成为一个高频热词，可是跨过时间的河流，回溯孩子十八年的成长履痕，南妈说图南的成长确实覆盖了她工作之外的时间，可是她真的非常享受孩子的成长过程，翻检记忆跳出来的是敦煌大漠的长河落日圆、德国皑皑白雪下的天鹅堡、马赛马拉草原上迁徙的动物壮丽奔行，生生不息……半个中国和十几个国家的深度游，400多部电影和纪录片。这些丰富甜蜜的亲子时光，实在无法和悬梁刺股、焚膏继晷地"鸡娃"画等号，但她又可以非常自信地说图南成长的每一步都是走在通往名校的路上。

这个非典型传统意义上的成功样本，在成长的细微褶皱里到底藏着怎样独特的勤奋、努力，是否也有迷茫、挫折的种种拉锯？

以下根据南妈的讲述整理——

真正的价值是长期主义，日积跬步，终至千里

"陪伴是最长情的告白"是一句被用滥了的馊鸡汤，南妈常常感慨真正有分量有价值的陪伴应该是智慧的，有温度有厚度，形式主义的形影相随不但毫无意义，只怕于亲子关系还有害。孩子以蒙昧天真的方式来到这个世界，家长如何引领很大程度上决定了她的路比别人走得更坚实，攀登

得更高。

谈到教育，南妈在任何场合都特别强调"功夫在诗外""润物细无声""水到渠成"。正如股神巴菲特强调"真正的价值是长期主义"的理念被投资界奉为圭臬，巴菲特实现财富增长的秘诀是"不要试图挣快钱、热钱，先团一个大大的雪球，然后再找一个长长的坡道，把它越滚越大"。他强调把复杂的事情简单化，把简单的事情长期化，并且将这种理念落实到现实中严格执行数十年。

这不是简单的方法论，更是一种价值观，可以用来指导人生的方方面面。无论从事何种工作，只要在长期的维度上，选择正确的方向，朝着目标持续地努力，创造价值，时间给予的复利，将积累可观的收获甚至产生奇迹。

物质财富投资如此，知识财富的累积又何尝不是同样的路径？世间的道理都是相通的。所谓团一个大的雪球，就是打下坚实的基础，大可不必贪多嚼不烂，只需永远比别人多学一点点，日积跬步，终至千里。珠穆朗玛峰固然令人高山仰止，然而一步步踩稳了攀爬而上，自然也就无限接近险峰。"怕什么真理无穷，进一步有一步的欢喜"。同理，反向的破坏力也一样大，所谓"千里之堤，溃于蚁穴"。所以自图南上学之日起，南妈最用心所在的是培养她良好的学习方法和习惯，一方面注重积累，不急不躁；另一方面反复强调及时解决学习中的错误和漏洞，不要积小纰漏成大坑。根深才能叶茂，本固方得枝荣。

设定一个跳起来就可以够得着的目标，既不急功近利，好高骛远，避免孩子苦不堪言甚至产生厌学情绪；同时又不至于胸无大志，浑浑噩噩，随波逐流——这是家长要很好地把握的一个度。或许在图南还不能很好地领会其中深意的时候，南妈就反复说，极高和极低的智商都不会落到我们头上，我们是绝大多数中的一分子，那么如何努力、努力的方式和方向决定了一个人能否在芸芸众生中脱颖而出——方向比努力更重要，否则可能拼尽气力，结局却是南辕北辙。这时候需要的便是思考力和决断力，不盲从不跟从。

家庭是孩子的第一老师，阅读史构建一个人的精神成长史

南妈成长于书香门第，"教育是父母送给孩子最好的成长礼物"是她家代代相传的理念。南妈外公 20 世纪 40 年代毕业于厦门大学中文系，父亲 1952 年被保送上福建师范大学，家族里 985 名校毕业的成员比比皆是。南妈在 20 世纪 70 年代度过少年时代，物质匮乏，寒暑假的生活内容却丰富多彩，一群表兄妹每天要临摹柳公权、颜真卿的帖子，背唐诗，外公家有成排的书架。南妈十二三岁时生吞活剥读《红楼梦》，诗词当然都跳过，只看黛玉怎么使小性子，宝钗说话怎么周全得体，茗烟怎么闹学……家里还订了很多杂志，最新一期《人民文学》《收获》《我们爱科学》出刊的时候大家会抢着读。小轩窗看出去，天井里有两个大瓷缸，水葫芦蓬蓬勃勃地冒成一片。下午大人带着他们去汀江游泳戏水，天色向晚，一个个晒得小脸通红才舍得回家。

南妈大学中文系毕业后供职于出版社，做了30多年编辑，编书、读书贯穿了她365日的生活，她说读书就像空气和水一样成为生命里不可或缺的元素，渗入生活的每一个缝隙，家里每个角落都有书，旅行时行囊里也一定会有一本书。

阅读是南妈送给孩子的第一份成长礼物。阅读是帮助人获取知识、培养正确的价值观、提高审美水平和增强表达能力的重要手段。从小培养孩子良好的阅读习惯，提高阅读量的累积，会让孩子受益无穷。大概没有比英国作家吉辛说得更狠的了："读书和不读书的人之间的区别，就像活人和死人之间的距离一样遥远。"

作为编辑和母亲双料身份，南妈特别强调的是：保护孩子的阅读热情，远比具体读什么书更重要。很多家长不实事求是孩子的年龄、接受能力、兴趣爱好，以为名著就是上选，殊不知如果超前灌输、揠苗助长，扼杀孩子对阅读的热爱，孩子甚至望而生畏敬而远之，不但无益，反而有害。图南初入读书门槛，以兴趣为上。南妈的标准非常宽泛，只要三观正确没有凶杀、暴力、色情或者让人读了过于颓丧、消沉等，就可以大开绿灯。记得图南从小学四年级开始可以去校图书馆自由借阅，有一天图南很兴奋地借了一本《呼啸山庄》回来，南妈却没有过早地判定孩子早慧而兴奋不已，反倒跟孩子说："《呼啸山庄》当然是无可争议的名著，但是你完全不了解19世纪的社会背景，所以也很难理解作品中的人物性格和命运，你可以尝试阅读一下，但也不必急于挑战。"果然，孩子略略翻了几页，还是转而捧起她更感兴趣的少年读物了。南妈自己非常喜欢鲁迅的《朝花夕拾》，也是必读的经典，很早就放在图南的书架上，三年级的图南表示她读不出大家笔下文字和情感的奥妙，南妈也不强求，就先让它静静地待在书架上吧。但上到初中二年级，图南自己开出的新年礼物清单就是《鲁迅全集》。

高品质的阅读当然首推经典书目。经典就是经过时间的淘洗，被一代一代读者捧读的书，大浪淘沙，留下来闪闪发光的金子。意大利作家卡尔维诺说："所谓经典，不是我正在读，而是我又在读的书。"能流传下来的经典是人类智慧的结晶，因为作家视角的高度、语言的魅力、情感的深邃，经得起反复咀嚼，阅读这样的书是思想的爬坡，一步步铸就"会当凌绝顶，一览众山小"。像《哈姆雷特》《红楼梦》《战争与和平》，一个人可能十四五岁读了，到了五六十岁还会再捧起来读，每个年龄段读感悟差别非常大，这种常读常新的书就是经典。很多家长给孩子推荐书时难免急功近利，只想让孩子读那种书——看上去每个句子都堆叠得非常美，大段的抒情、排比以及哲理警句，仿佛立刻就能让作文添彩。南妈却告诉孩子白描恰恰特别考验功力，没有思想内核支撑的文章一定没有力量，生命力不长久。如同万丈高楼，只有用钢筋水泥盖得坚固，才能在内装上施展拳脚达到风格各异，否则就是缘木求鱼。

所谓开卷有益，偶尔读点流行小说、言情小说，或者盗墓小说、玄幻小说，家长也大可不必惊慌失措，以为荒废了孩子许多时间。只要不是沉迷进去不能自拔，不至于对孩子的未来产生根本性的破坏，某种程度上流行小说的阅读，除了作为孩子繁重的课业学习的调剂，还可以让孩子与当下鲜活的语言接轨，丰富其词汇。但是一定要警惕流行的诱惑，别被流行牵着鼻子走。太多流行是一次性阅读，不能收获思想的深度，白白占据了时间。

读得博杂一点。孩子幼年读书都是从童话、绘本入门，诗歌、小说、散文占比肯定比较大，但随着年龄的增长，阅读的宽度、深度都应该不断拓展。阅读不要窄化为只有文学读物，还应该包括历史、哲学、经济学、心理学等多学科知识，正如身体的健康强壮，要五谷杂粮、瓜果梨桃、肉蛋奶多种营养的摄取，偏食就会造成营养不良甚至生病。读书亦然，精神的丰富，思想的深厚，心胸的宽广，仰赖多学科知识的吸收。文学之美是对生命的滋养；而即使粗略地学点经济学知识，就能对怎么管理钱财有直接的指导作用，对提升生活品质有非常现实的意义；哲学提供的价值是当我们面对人生的一个个选择与岔路口，独立的思辨能力不可或缺，而哲学剖析了事物的本质。

图南初中阶段的书单中文学占了大部分，初二时她的书架上增加了一套《鲁迅全集》，那段时间她痴迷鲁迅思想的犀利和独特的语言风格，一整个寒假都在如饥似渴地读鲁迅的著作，无限崇拜地说鲁迅是她的"男神"，这让南妈老怀大慰，因为和图南年龄相仿的许多人只把"男神"的称号给了流量明星。图南的另一套重磅读物是《名家经典散文书系》，32本占据了一整排书架，涵盖五四以来有影响力的现当代作家：丰子恺、沈从文、汪曾祺、季羡林、莫言等人的1300多篇散文，她大概读了1000多篇。有了这些阅读量打底，考核语文水平的两大块儿：阅读理解，图南总能回答在点上；写作文也有了清澈丰盈的源头活水。很多孩子提到写作文就怵头，图南不在话下，她写的作文常常被老师当作范文。如此，形成正反馈，小学时老师就送她外号"小书虫"，家长从来无须声色俱厉督导她什么时间必须读书。文学之外，图南的书单里还有《寻找薛定谔的猫》《天才在左，疯子在右》《霍金的宇宙》……这些书可以提供科学思维的训练，她也读得津津有味。到她上了高中已经自主选读深度比较有挑战性的书了：

陀思妥耶夫斯基的《地下室手记》、柏拉图的《理想国》、汉娜·阿伦特的《艾希曼在耶路撒冷》……

诺贝尔奖获得者、诗人布罗斯基说："一个阅读诗歌的人，更加不容易被战胜。"我们不妨把阅读的外延扩大到多学科，阅读书单应该兼具人文与科学，阅读就是给自己建立一座精神的后花园。一个热爱读书的人，内心丰富、饱满、强大，就会变得宽阔、柔韧、安定，自然更不容易被命运的考验击溃。

阅读史构建了一个人的精神成长史。

观影与旅行是送给孩子的另一种礼物，电影和旅行的丰富与广袤，扩充了个体的生命经验和感知

旅行与观影在图南成长的时光里占比非常大。

外面的世界很大，很精彩，好奇、探险、游历也是功课，既要读万卷书，又要行万里路，是无须争议的共识。纸上得来终觉浅，阅历需要在现实的经验中获得。旅行中开阔视野，提升格局，锻炼走四方的胆量，提高解决无法预估的突发状况的能力，这一切都不是在书斋里能完成的。旅行是图南家生活的标配。平日里南妈很节俭，能坐公交车的时候连出租车也不舍得打，但对于旅行她却从不抠抠搜搜，寒暑假在路上是他们一家的盼望，

渴望被比远方更远的风吹拂是一家子平时各自努力工作、勤奋学习的动力。在旅行中见识山河辽阔天地大美、世界纷繁多姿、文明悠久绵长，同样是精神成长的必修课。

有一次在西北旅行，一路大山大河，云天花海，美不胜收。但暮色四合的时候，白天峻秀的群山渐渐变得肃穆甚至狰狞，四面威压过来，一叶小车奔驰其间，山路的一边就是咫尺悬崖，那一刻图南强烈地感觉到自然的伟力，个体的渺小。以人为本的理念，对每个生命的尊重和珍视，谦卑和乐观的处世态度，就这样在旅行不知不觉中建立起来了。旅行回来图南变得特别注重环保，任何对资源的过度占有、消耗都是对自然的掠夺，都是不文明的。她会注意节约用水，少用塑料袋……

上学的日子，如何寻找课堂的延伸，让自己丰富而诗意地栖居呢？图南观影的数量和同龄人比不是一般的差距，初一到高一四年间差不多看了400部纪录片和电影，这其中母女一起观看的高达70%以上。说起来这又是家风的传承，南妈的父母就是电影迷，即使在乡村只有露天电影看的年代，也是他们的精神盛宴，一场都不舍得错过，并且把不等字幕出尽、音乐终了就乱纷纷离场的人视为没有教养。南妈就是在父母的这种熏陶下长大的，自然也就把孩子带进了光与影的世界。这扇门的开启，展现在图南面前的就是一个取之不尽的巨大宝库。除了小时候看动画片，图南大一些时南妈就有意识地引导她看纪录片，历史、地理、生物、建筑、考古，不一而足。比如要去敦煌旅行前，她们就先看了央视的10集《敦煌》纪录片，打下粗浅的印象；敦煌归来，又找来日本NHK公司拍的敦煌纪录片看，试图通过中日两国不同的拍摄视角进一步了解敦煌博大精深的文化。每一次旅行，她们的喜悦和收获并不止于在路上的那些日子，而是前后延伸得很长。从确定目的地做攻略开始，身未动心已远；旅行归来，建立了感性认识，在翻看一路的照片中，回味当地的风土人情，继续查阅资料，进一步深度了解旅行地的历史与变迁就变得更可感可悟。

纪录片之外母女还一起看了大量的电影。电影是感性的艺术表达形式，因为有剧情、对白、音乐、场景，孩子容易沉浸进去。奇妙的蒙太奇手法里可以有过去、现在、未来，如同孙悟空有七十二变，观影者得以体验穿越时空的千万种可能。银幕上短短数小时之内可以大地回春，也可以繁花落尽，巍峨的宫殿七千二百秒以后可以变成废墟，短暂的一百二十分钟也可以囊括永远。观影是安全有趣的一场冒险，随时可以撤离，灯光亮起，回归真实世界。

电影世界里对历史、人文、道德、伦理的展现、思考、质疑、批判是另一种形式的课堂，同样给孩子的成长提供了不可忽视的营养。

《乱世佳人》是长映不衰的经典影片，时代背景是美国南北战争，电影改编自小说《飘》。电影看完，南妈便顺势将小说放在图南书案上，正是因为对影片回味不已，图南迫不及待地捧读起书来，之后又找了《林肯传》等与美国南北战争相关的书来读……

为了了解二战历史，南妈和孩子先找了很多以二战为背景的电影来看，比如《辛德勒的名单》《穿条纹睡衣的男孩》《纽伦堡审判》等。

看电影是她们生活的常态，每周一两部，假期有时候一天就会看两三部，这是独属于她们母女的狂欢节。

图南高中三年，一家三口没有一起去饭店吃过一次饭，因为点菜、等餐太耽误时间，但她们却是电影院的常客，无论是国产电影还是引进版，只要剧本、导演、编剧或者演员略有特色，或者有所争议，都是她们穿越车水马龙，去这个城市最好的电影院观影的理由。只要去北京，中国电影资料馆一定是她们的必打卡地。似乎也是心里的某种仪式感吧，不仅因为电影院杜比环绕立体声的音效逼真过瘾，还有数倍大于个体的银幕，让人在艺术面前保持应有的谦卑与敬意。

观影与阅读相辅相成，紧密相连。一圈一圈的涟漪就是这样不断地荡开，产生愈来愈大的冲击波。

正是有了这样的积淀，高中一年级图南一边忙于各种标化考试，一边在学校举办的微电影节中，以1500元的低成本拍摄了微电影《你一生的故事》。图南以一己之力担纲编剧、导演、女主角、配乐以及组建团队等诸多事项，调动一切零碎时间——课间、放学后、周末，一帧帧地累积。对科学、哲学和历史等综合学科阅读的广度和深度，使图南对世界和社会的认知远超同龄人，她以电影为壳表达了自己的思考和梦想。影片展示了"我"的一生可能会被赋予各种角色：金融界的白领丽人、物理学家，或者是电影创作者，"我"要去探索大自然和宇宙的诗篇，"我"要不断努力、升华、改写自己的人生剧本，要让社会变得更加公平、正义……为世界变得更好尽己之力。电影拍摄期间正值春寒料峭，一个个披星戴月的夜晚，图南回到家浑身已经冻透，她却兴奋快乐无比，眼里闪着光，当一个人为自己的热爱而奋斗能激发出多么大的能量！从来没有学过剪辑的图南表现出了她坚韧的毅力，为了让电影更好地呈现她的思考和表达，她和同学一起盯在电脑前反复推敲，几经尝试，起初耗时一小时只能剪出30秒的成品，但他们没有焦躁没有气馁,就这样,最后吭哧吭哧剪出了一部45分钟的微电影。也因为对这部付出自己满腔热血的微电影的热爱,她不是止步于完成学校的任务,简单上传B站就草草了事,而是再次体现出她思路开阔、学习讲究深耕的能力,充分利用互联网的无国界,将作品上传国外网站参赛,获得美国、英国、印度等多个国家的奖项,让身边的人震惊又佩服。

两年后拍摄微电影这项活动,被图南排在申请耶鲁大学活动列表的第一项。这项稚嫩但真诚而用心的活动形成她鲜明的个人辨识度,与别的学生产生突出的差异化,大得招生官欣赏,增加了她被录取的权重。

她在申请耶鲁大学的主文书里开篇就写道:

> 几乎每个孩子都会在某个时候从父母那里得到万花筒,从母亲第一次带我穿过影院的黑暗过道,我就知道我的万花筒是电影院。在银幕前,我被带到了不同的世界,领略到了文化生活的不同方式,发展了我的世界观并思考如何去拥有梦想。

激发自驱力,大巧若拙,天道酬勤

初中一年级的暑假,许多孩子可能对上哪所高中还没有明确的目标和紧迫感,图南自觉开始按照从A到Z的顺序背英语单词词根,逐字逐页一丝不苟;同时她开始啃英文原版小说《了不起的盖茨比》。那些溽热的夏日，南妈每每下班回家看她摊开的小说，一页纸上有三分之二处是对陌生单词的红笔注释，真是蚂蚁啃骨头般下苦功。南妈生出了对14岁少年的敬意，暗暗欣喜潜移默化的教育理念在发生作用了。半本小说啃下来，图南如释重负地告诉妈妈——颇有轻舟已过万重山的轻松感了。事实上，每个作家是有其特色的，遣词造句有鲜明的风格，掌握了足够的词汇量和句式，阅读必定越来越流畅甚至势如破竹。

高中一年级暑假，图南第一次远离父母到另一座城市参加夏校集训，那是又一次对自己的严酷挑战。年级最低、从来没有学过计算机编程语言的图南，一上来麻省理工学院教授就要求用C++完成作业。茫无头绪，四面楚歌，零基础的图南只有靠四处问同学、从网上找教学视频、啃砖头一样厚的编程参考书。集训营在郊区，周末很多同学都去闹市区购物、去迪士尼乐园游玩，21天集训图南却从未离开过园区。一个特别无助的傍晚，图南独自坐在园区外的马路牙子上暴哭了一场，当时大雨滂沱，泪水和着雨水在她的脸上纵横流淌。这场大哭擦干眼泪后，每个深夜她都是学习到凌晨一两点最后一个离开自习室，但一定会上好闹钟第二天7：30准时起床，从来没有缺过一次教授8：00的"office time"（办公时间），其实教授并没有硬性规定必须参加，是图南不愿意错过任何一次向教授请教和练习口语的机会。21天夏校集训结束，握有巨额科研基金的麻省理工学院学术大佬，给图南的评语不吝溢美几乎让人不敢相信，教授写道："在这个孩子身上体现的坚韧毅力、超强的学习能力以及聪颖，甚至超过我在麻省理工学院见到的一、二年级的本科生，我非常希望两年后在麻省理工学院见到她的身影，也非常欢迎未来她到我的实验室学习、研究。"

那个夏天，图南16岁。而这段经历是她被耶鲁大学录取后南妈才知道的，聊起往事，南妈骄傲之余仍不免有些心疼。

两年以后，图南请该教授为她写推荐信，教授满口应承，这对助力她被两所藤校录取显然不言而喻。

南妈分析过为什么图南面对挑战心里始终有一团火苗，咬紧牙关，"可以被毁灭，但不能被打败"，其坚韧的品质底层逻辑是什么？支撑她咬紧牙关披荆斩棘的动力何在？是坚定不移的目标，抵达甚至是超出预期的更大的成功，以及随之而来的荣誉和喜悦增强了她的内驱力。时过境迁，图南云淡风轻笑说小学时代读到贝多芬传记，那句在绝境中要"紧紧扼住命运的喉咙"深深植入她的心田，成为她的榜样。一旦选定一件事就要all in（全力以赴）！

人们眼中的学霸，刚上初中就自信心受挫

图南斩获耶鲁和达特茅斯两所藤校的录取后，赞誉之声汹涌而来，或许，图南当得上"天资聪颖"的评价，尤其是到了高中之后，她的思考、创新、组织各方面能力在同学中都是佼佼者，出类拔萃。但甫入初中，图南并没有显出小荷已露尖尖角的优势，相反，在重要的基础学科数学的学习上，她表现出来的是尴尬的不好不坏，中不溜儿，甚至任课老师也认为她天赋不过如此。南妈从不苛求孩子的排名，也没有名校情结，对孩子的期望始终是做到自己的最好，身心健康和快乐是图南父母最看重的。真正

引起南妈重视的是看到晚归的孩子变得越来越落寞，可是又找不到突破口。图南闷闷地说"很多人说女孩子到了初中理科就是不行"，那份沮丧南妈看在眼里，除了心疼，更重要的是提醒南妈必须做点什么了。

自信是一个人一生的支柱，一旦被摧毁，受影响的就不是考试分数这么单一片面的问题了。南妈意识到迫切需要寻找有效的方法突围，打破僵局。

尊重第一性原理，追根溯源，从眼前要解决的问题入手，分析产生问题的根本原因。南妈认为孩子学习出现了障碍，是因为彻底的放养，没有上过任何辅导班的基础，也没有自己在家预习过，在小学与初中衔接的过程中，一时还没有摸索到适合自己的学习方法。上了初中，新增好几门课程，无论是课业量还是难度都比小学阶段提高了很多。上过辅导班的孩子等于在老师的引领下预习了一遍，对课程要求已经有了粗浅的认知，等到课堂上老师再讲就是听第二遍了，吃透公式原理肯定容易些。短期内落下风是很正常的，但并不代表图南的学习能力差。

问题的核心是如果长期囚困于这种局面，孩子的自我判断和认知会受影响，那才是最糟糕的。如果只是泛泛的几句"没事，妈妈相信你，妈妈爱你，你很棒！"不仅毫无意义，而且不负责，必须扎扎实实地解决问题。南妈定了定心，对孩子没有苛责更没有否定，而是跟孩子一起分析——没有吃透老师课堂上教授的知识点。那么，就要对症下药给孩子实质性的帮助，南妈找了一个教学经验丰富的退休老师，每个周末把课堂上的内容再给图南梳理总结一遍，并且找相关习题练习巩固，给孩子留出了解决问题的空间。

一学期后，基础夯实的效果凸显，图南数学成绩稳步上升，而且显出她举一反三的领悟力,老师也对她刮目相看,甚至要将图南推荐给数学奥赛教练。数学的困扰迎刃而解,其余学科自然不在话下,她越来越领略到深潜知识的海洋、探索未知世界的兴奋和快乐,每天都像小鸟一样欢快地从学校回来,叽叽喳喳说着校园里的种种。中考时一万多名学生中,图南以该校第一名、该市第三名的优异成绩考入高中。问她初中三年的感受,图南不像多数孩子唏嘘感慨总算过了一关,而是三个字"没上够!"

为孩子提供良好的衣食住行当然是父母的责任,但那也只是如高尔基说的母鸡般的爱,不过是最基本最初级的爱。让孩子满怀自信,勇敢地搏击长空,是做父母的更高级更有分量的爱。在孩子的成长过程中,真正体现父母智慧的是以自己数十年人生的经验教训,发现问题,解决问题,帮助孩子走出困境;发现她的所长,鼓励她认识、开拓自己的才华和天赋,热爱自己所学,建立自信心和激发内驱力,并为之创造必要的条件。

一万小时定律

一万小时定律如今作为一种重要的学习方法被强调。最早是作家格拉德·威尔在《异类》一书中指出:"人们眼中的天才之所以卓越非凡,并非天资超人一等,而是付出了持续不断的努力。一万小时的锤炼是任何人从平凡变成世界级大师的必要条件。"他将此称为"一万小时定律"。其实这与我们古老的哲学"只要功夫深,铁杵磨成针"异曲同工。

图南的学习成效非常好地印证了这个定律。抓住零碎时间，积沙成塔，集腋成裘。晚饭后、洗澡、敷面膜、等公交车和旅途中，各种散碎时间，从几分钟到几小时，都是她学英语的好机会。她总是会看一段美剧或听英文歌曲来磨耳朵，光是美剧《生活大爆炸》她就看了七八遍，不是沉迷于剧情的热闹，而是对每一句台词和发音都用心揣摩，这就很好地解决了非母语环境下怎么尽力营造英语氛围的问题。上了高一，南妈送给她最新款的手机，因为手机是她学习的工具和好帮手，她用手机查找资料，听英语，南妈不担心她会陷入网络游戏、八卦无聊，不断追求进步就是图南对自己最好的约束力。

很多孩子苦于英语学习听说读写四个方面的考察，但如果把一个艰难的目标掰开了，揉碎了，化解于每一分，积累于每一时，一点点地夯实了，其实也没有那么难。英语学习如此，其他学科也是同等道理。凡事放在更广阔的时空维度里，过程就大大地降低了艰辛的程度。

莫扎特被誉为音乐神童，6岁生日前，他的音乐家父亲已经指导他练习了3500小时的钢琴，可想而知，到他21岁写出脍炙人口的第九号协奏曲，已经练习了多少小时。

当然，持之以恒并不意味着简单的时间累加、堆叠，开动脑筋，不断反思、调整、总结适合自己的有效方法至关重要，否则就是虚耗时间。

爱是伸出去又收回的手

"家长放得下,孩子才能拿得起",在图南的成长过程中,无论是蹒跚学步,还是到了高中以后的独当一面,南妈始终秉持的教育理念是:在确定安全的前提下,遥遥目送,不代劳不过度干预。许多家长事无巨细的关照,为孩子做得风雨不透,简直到了鞠躬尽瘁的地步,殊不知这恰恰剥夺了孩子试错、成长的机会,摔跟头也是成长必须支付的学费,人生中的一些坑任凭父母多么爱孩子也无法代为越过,必须孩子自己摔倒了,摔痛了,爬起来,揉一揉甚至包扎、疗愈后再重新出发,而试错越早成本越小。随着图南年级升高,具体的功课南妈已经完全插不上手,高中以后南妈更是变成一个"懒妈妈""笨妈妈"。青春期的孩子更加注重独立思考和决定的被尊重、未来的规划和抉择、自我价值的实现,这个阶段家长应该做的是让孩子得到更多历练,更多发挥才能,更多承担责任,为孩子一步步走向未来的独立提供更多锻炼和机会。别的家长紧锣密鼓四方搜寻的留学规划,竟一一是图南自己挖掘、研判后,再与父母商量、讨论、评估,父母只是帮助孩子一起把控方向。两年下来非常好地锻炼了图南独立、思考、甄别的能力,为她开启新生活,远涉重洋进入世界名校学习做了充分准备。说到底父母用心陪伴孩子一程,是为了坦然放手她的一生。

另一方面,因为适度合理的放手,因为充分的边界感,母女并没有因为青春期遭遇更年期而变得话不投机，相反，彼此交流的深度和密度更深更广了。

美是看不见的力量。家庭早茶，博雅课堂

在对成功的定义极为单一和扁平化，家长和孩子一片内卷的哀号下，南妈却有着截然不同的观点。

古希腊语中，"学校"一词的词根即是"闲暇"。亚里士多德认为闲暇的时候人可以从容地学习和思考。罗素认为一个人一生中如果没有充分的闲暇，就接触不到许多美好的事物。而教育家蔡元培先生提出"以美育代宗教"，指出美育包括家庭美育、学校美育、社会美育三个方面。这些理论很深地影响了南妈的生活态度。

南妈爱花草，且没有分别心，在南妈眼里一片树叶、一棵草、一朵花，都有它鲜活的生气，各美其美。南妈说心绪烦杂的时候，慢慢地修枝剪叶，花草自然的香气就是最好的芳疗，心会慢慢静下来，草木有疗愈人心的力量。

一束插花包含了多种花材，有叶片舒展的，有果实厚重的，也有花苞饱满的，还要枝丫相衬托，如此体现出层次。小小一束插花里可以因小见大，因有见无，以有限的花、草、木，呈现空间的无限与时间的无限。看一朵花从含苞到绽放到持续一段时日，教会人们感悟生命的力量，让人对

美保持耐心和尊重。

南妈说，家应该是让人离开时频频回顾，回来时迫不及待想打开门的所在。学校教给孩子的是知识，而决定孩子一生走得更高更远的性格、眼界、格局等软实力的培养，恰恰有赖于家庭，家长不仅是孩子的第一任老师，也是最长久的老师。

图南家客厅餐桌上每周都会更换鲜花，那是一家人吃饭、聊天、刷手机最多的地方，这些闲散的时光有意无意地瞥上一眼花草，美就无声地映进眼里，落入心中，对心灵是种浸润。

周末没有报辅导班，家庭早茶倒是图南一家固定的内容，吃些果馔点心，被归为垃圾食品的薯片偶尔也出现，因为生活不应该永远绷得紧紧的，适度的放松不仅必要，也是驾驭生活的智慧。阳光一缕一缕落进房间，花瓶里的尤加利叶散发着淡淡的苦味和清香。这是一家三口聊天、交流思想的重要时间，很多时候图南是主角，父母饶有兴趣听她聊学校里的各种事情，大家也聊社会新闻、人间百态、权力和财富、性和爱……话题漫无边界，百无禁忌，轻松愉快，可吐槽可八卦。见解不同，允许各自温和坚定地表达，彼此间的关系坦诚平和，保持自我，意见不一致不仅再正常不过，而且应该被鼓励。"教育的结果如果让一个人没有思考力，一定是教育的失败"，这句话南妈常常挂在嘴边，南妈特别鼓励孩子的质疑精神和勇敢的批判性思维。图南很少把时间耗在重复性的抄抄写写上，凡是于知识的积累、心智的开发无意义的南妈都尽量给她松绑。有不同见解互相尊重，平等讨论，给出分析和建议，没有令人生厌甚至窒息的"爹味""妈味"。或有一时说服不了对方，那就冷处理，给各自思考回旋的余地。

图南与母亲形同闺蜜，连称呼也没大没小随心所欲，对妈妈通常是"肥橘""仔仔"等各种随心所欲兴之所至的戏称、昵称，什么时候开始的已经无从考证。

　　文学当然是家庭早茶最热烈的话题，"文学生活化，生活文学化"是南妈认同的观点，成长不应只有干瘪的应试能力。

　　母女聊大仲马的《基督山伯爵》，望着远去的孤帆碧空，基督山伯爵道出，人类全部的智慧就在这两个词"等待和希望"。生命里很多艰难的时光，南妈就是靠着在心里默念这句话获得力量，她希望这也是送给孩子的礼物，谁敢保证一生顺遂从没有挫折和考验呢？

　　母女聊雨果的《悲惨世界》，神甫对冉阿让说："还有我送你的烛台，你忘记拿走了……你再来的时候，不必走园里。你随时都可以由街上的那扇门进出，白天和夜里，它都只拴一个门栓……"爱与人道主义，救赎的力量无可估量，那是对心灵长远的滋养。

　　母女聊夏洛蒂·勃朗特的《简·爱》："你以为我贫穷、不美就没有感情吗？如果上帝赐予我财富和美貌，我也会让你难以离开我，就像我现在难以离开你一样。上帝没有！但我们的精神是平等的。就如同你我要走过坟墓，平等地站在上帝面前一样。"南妈还忍不住要模仿上海电影译制片厂李梓和邱岳峰的经典配音，那是影响了南妈青春的人物形象。关于女性追求独立、平等、自尊的探讨也就包含其中了。

　　母女聊中国的古典文学，那么灿烂，真是口角噙香啊。那些在文学史上熠熠生辉的唐诗宋词："明月出天山，苍茫云海间""江间波浪兼天涌，塞上风云接地阴""秦时明月汉时关""大鹏一日同风起，扶摇直上九万里"，何等豪迈阔大。

一部《红楼梦》，单就美食、中药、服饰、园林，无一不可深究。其中的诗词，要多美有多美："雨打梨花深闭门""寒塘渡鹤影，冷月葬花魂"，谁说凤辣子没文化，起头一句"一夜北风紧"，端的是给后人留下多少地步。

母女聊东方古国的哲学："大道至简，法乎自然""流水不争先，争的是滔滔不绝""过犹不及""泰山不让土壤，故能成其大；江海不择细流，故能就其深"。言简意赅，寥寥数字，素朴却是长远的人生时时的警醒。

如今的教育乃至中考、高考，越来越强调学生的综合素质，比如阅读能力、思考能力、对生活的理解力。或许竞争不再是从高中而是从童年开始，从他们翻开的第一本文学书、听到的第一个故事开始。新的语文教材，要求学生们整本阅读《红楼梦》和《乡土中国》，还设了"跨媒介阅读"单元，要求学生了解电影、文学和绘画。

南妈的初衷并没有要把家庭早茶变成"博雅课堂"，也没有刻意地"浸润式人文教育"。只是认为如果只盯着追求知识、分数的教育，失之偏颇，而美对心灵的滋养无法用分数和考试来量化，那是看不见的力量，恰恰是打下一生的底色。正如康德所说："美是一种无目的的快乐。"漫长的人生中，总有职场的疲惫、情感的考验、事业的挫折不期然地出现，能陶醉于风吹麦浪，抬头看看流云，听听溪流的水声，都是心灵的报偿。在这样的家庭氛围里，图南是被鼓励被赞许长大的，这让她们超越母女之间单纯的情感联结，在精神上有了很深的共鸣。入读耶鲁大学两年来，无论功课多么忙碌，图南和南妈的周末视频从未空缺，每次起码一个半小时仍意犹未尽。这种远隔太平洋互望的亲密，始终持续。图南经常说特别怀念周末家庭早茶的聊天。

父母的爱是孩子一生的铠甲。幸福的人，一生都被爱治愈。即使天涯邈远，家应该成为孩子永远遥望的安全的港湾。

豆瓣网站上"原生家庭"话题下，来自子女感慨最多的是两代人彼此间"交流无能"。近年来对东亚式家庭的探讨，也使代际价值观的战争、情感的表达这些更深层的问题显露出来。为人父母曾经热爱的白月光：文学、美食、游泳、打球、音乐是不是在生活的磨砺下渐行渐远了呢？如果只有对孩子的高标准严要求，怎么能不导致越来越紧绷的"内卷"？夯实过程，接受过程中的一切——努力、挫折、考验，给孩子的成长创造自由、广阔的空间，为人父母也不懈怠，努力成为更好的自己，是一个家庭应有的氛围。

张晓风曾经在文章里写道："今天，我交给你一个健康、活泼、勇敢的孩子，明天你将还给我一个怎样的青年？"值得每个父母时常扪心自问。孩子的到来要求父母不断学习、认知迭代，内省、觉察。成长教育、爱的教育、生死教育，每一类教育都不是单独指向孩子，而应该是父母子女双方共同完成，双向奔赴。

要有一个远见，超越你的未见

很多人问过南妈，是否培养图南从小就树立凌云壮志，每一次南妈都坚定地否认。直到有一天南妈读到90多岁高龄的历史学家许倬云先生的一段话:"要人心之自由,胸襟开放,拿全世界人类曾经走过的路,都要算是我走过的路之一。要有一个远见,能超越你的未见!"南妈豁然开朗,找到了答案。十八年来不断调整、细心陪伴图南的成长,图南勤奋不懈地努力,终于踏入千万人向往的耶鲁校园求学,只是图南的未见,只是她青春的启幕,她的人生远不止于此。世界之大,人类文明之灿烂,未来之奥妙无穷,都应该是她的探索和远见,图南的人生是不受拘限,浩瀚无穷,耶鲁是她梦刚刚开始的地方……

乔布斯曾作为嘉宾在斯坦福大学 2005 年本科生毕业典礼上勉励年轻的学子"stay hungry, stay foolish(求知若渴,虚怀若谷)",南妈非常喜欢的这句话,南妈认为这应该是父母子女共同的人生格言,并始终践行。

温暖靠谱男孩
　　被"点燃"的理想

家长经验帖：

当孩子喜欢、认同一个老师的时候，不仅成绩会突飞猛进，还会产生成绩之外更深远的影响。

从孩子小时候就坚持给他写信，通过这种方式很多道理容易说通，让孩子愉快接受。

多参加课外活动可以让孩子开阔视野，锻炼能力，结交朋友，学会解决问题。

守时、认真、专注，更强的责任感，关照他人的感受等，这些好习惯一旦养成会终身受益。

保护孩子的兴趣和人生志向，无论打算从事什么样的职业，都需要有发自内心的热爱才能支撑长久。

威宇 2023 年夏天从哈佛大学教育学院硕士毕业后，秋天又去了哥伦比亚大学教育学院完成他为期两年的第二个硕士项目。此前他本科就读于西北大学教育学院。他对教育的执着，来自初中时被一位老师"点燃"的理想。高中时，他到偏远地区支教，大三时全球新冠疫情期间回国创办了"威宇课堂"，以全英文的授课方式为六七年级的孩子教授"少年人文课堂"。

在父母眼里，威宇是一个温暖靠谱的男孩，只要他答应的事情，总会比别人期待的做得更好。他会把房子收拾得一尘不染，烹制精美的西餐，给家人暖暖的美食。

威宇的爸妈曾就读师范类大学，后来创办了自己的公司，并没有从事教师职业，不过对威宇的教育仍颇有"科班"风范。温暖靠谱的威宇是如何痴迷上教育的？我们访谈了宇妈，宇妈温柔和善，但作为久经历练的"老板娘"，在一些观点上大胆而坚定。

问：很多留学生选择读计算机或者商科，就业率高，收入也高。威宇却选择了本科就读美国西北大学教育学院，两个硕士都继续修读教育专业，他为何这么坚定地喜欢做教育？是否受爸妈曾就读师

范大学的影响?

宇妈：威宇的选择是受到两位初中老师的影响。他上初二的时候，有天在学校旁边的一个快餐店，我和他一块吃饭。他突然跟我说："妈妈，我决定长大了以后学教育。"我当时一愣，问："你为什么会这样想？"他给我讲了两位老师的故事。

威宇上了初中后，换了新环境不太适应，他也不是很自信。有一次晨读，他领读徐志摩的《再别康桥》，语文老师说："威宇，听你的声音，我就不由自主地爱上了你。"他微微一愣有些不好意思，继而被感动了，语文老师的鼓励，让他觉得这是个超级有爱的环境，一下子爱上了这个学校和这位老师，感觉自己的生命瞬间被打开了。从那时候起，他变得越来越开朗，感受到一个人影响另外一个人的心灵是一件多么美好的事情。另一位也是他的语文老师，一位女老师，性格开放爽朗，拿他们男孩子当哥们儿，这位老师让他懂得直率、年长的智者能给予青春期的男孩们什么样的引领。有的年轻女老师羞涩内敛，有些话不好意思跟青春期的男孩子开口，而这位老师会用特别平和随意的语气说出来，解读了很多少男少女那个特殊阶段的困惑。他那段时间语文成绩非常好，级部第二的成绩就是那个学期取得的。当孩子喜欢一个老师，认同一个老师的时候，不仅成绩能突飞猛进，还会产生成绩之外更深远的影响，比如做人的态度、事业的选择、人生的走向。

我们夫妻俩大学是学教育学专业的，但后来离开教育行业很远了，从来没有想到孩子会去学教育。威宇在讲完两位老师对他的影响后，很郑重地跟我说："妈妈，我学了教育，从事这个行业，收入可能不是很高，你们晚年的时候，我不能给你们提供特别好的物质生活，你们能接受吗？"

我仔细想了想，跟他说："好，我支持你。没想到我的孩子是一个特别有大爱的人，既然你有这样的理想，做这样的选择，我为你骄傲，没有问题！"直到现在他都没有后悔过自己的选择，他从中得到很多快乐；我们也没有后悔，因为我们最爱的儿子很快乐！

与很多家长交流的时候，他们说孩子不知道自己喜欢什么、想要什么、未来能干什么，缺乏欲求，没有动力，很难被激励。威宇很幸运，小小年纪遇到了欣赏他的老师，让他感受到了被认同的愉悦，也因此确立了人生的方向。

我觉得对于父母来说，首先要不功利，保护好孩子的兴趣和志向。也许学教育专业不如学计算机、金融等未来在收入上更占优势，他大概率不是父母脑海里鲜衣怒马少年得志的模样，做父母的首先要接纳他经过许多年寒窗苦读后，成为一个做了自己喜欢的事情的普通男孩，然后支持他的理想和选择的方向。我们在他初中阶段就带他到偏远地区支教，用他擅长的英语、信息技术给那里的孩子们讲课。我不想他只是走马观花、浮光掠影，希望他了解中国这片土地上生活着的许多人仍然存在着很大的地区差异。我跟他商量让他住在农村孩子的家里，住了好几天。后来他描述小朋友家的被褥即使在夏天也是湿漉漉、沉甸甸的，味道不好闻，蚊帐是不透光的，从买来就一直挂着，十几年没摘下来洗过。后来他又组织一帮乡村的小朋友到省会城市，带他们逛公园、看电影、参观科技馆和博物馆，一路上除了自己讲解还照顾他们的饮食和安全，晚上他把六个小朋友带回家住在他的房间里。我原计划让他给小朋友们讲一讲学习方法，当他了解了这些小朋友的家庭状况后跟我说："妈妈，我觉得他们需要的不是学习方法和成绩，而是学会快乐，学会和其他人交流，学会被这个世界接纳的方式。"那个晚上他们席地而坐，威宇教给小朋友们做一种卡片游戏，玩得很开心，房间里不时传出小朋友们的笑声。

威宇初中毕业那年，我们支持他成立了天使之翼爱心教育基金，帮助乡村的孩子，带更多的孩子到城市游学，他还和同学带着书籍到乡村学校和那里的孩子们一起读书、分享。他在高中参加全球创新研究大挑战（CTB）项目，分析对比了城市和乡村的教育资源差别，提出了一些改进方法，因为有亲身经历，有翔实的数据支撑，获得了全国一等奖。

去美国读教育专业，发展方向聚焦在哪里？我们对教育的理解不够透彻，就求助于威宇的校长，校长拿出了很长时间跟他讲国内教育的现状，探讨教育研究者感兴趣的方向，一线教育工作者的困惑、疑问和不足，东西方思想观念的差别，让他带着解决国内教育实际问题的目标去美国大学有针对性地学习知识，思考方法，找寻路径。

我们认为孩子无论打算一生从事什么样的职业，都需要职业热情的支撑才能长久。大三时，威宇因为全球新冠疫情留在了国内，其间有机会给孩子们上了几堂课，最短的一次只有三小时，却受到了孩子们的喜欢，一帮孩子依依不舍地拉着他问下一次课的安排。回家的路上，我突然闪过一个念头，问他愿不愿意做一个课堂，组织一些孩子，教授有益有趣的课题。他面试了很多孩子，从中选出20个英语水平高、学习能力强的，按照项目式学习的方式准备了10堂课，把他三年来学习的教育学、心理学和社会学的知识都融汇在30个小时的课堂里。孩子们特别喜欢，也得到了家长和他的老师、校长的高度认可。结业的时候，他人生的第一拨学生给他写了各种各样的卡片，送了许多礼物，每一个孩子都仔细地描述了课堂上的感受，表达了希望继续跟他上课的愿望。我鼓励威宇说："孩子们跟你的热情互动让你获得了很多成就感，这是教学相长的体现，你对教育的付出得到了很棒的正向反馈。"

我觉得这些都是做父母的能给予孩子的支持，我们保护他的兴趣，尊重他的理想，在他付诸行动的时候又不遗余力地帮助他，不带着世俗的眼光看待成败，注重他的感受。孩子是独立于父母、家庭之外的个体，应该他觉得舒服才是真的舒服，他幸福才是真正的幸福，而不应该以父母的喜好为标准，更不用在乎别人的看法，用社会一般意义上的得失成败标准来评判孩子。

问：很多独生子女被娇宠惯了，不会关心别人，威宇却是一个温暖靠谱的孩子，愿意照顾身边每一个人，还特别会做家务，这种特质是天生的还是培养出来的？

宇妈： 我觉得这跟注意让他从小树立规则意识有关。他小时候我管得挺严，我那个时候刚创办公司，正是事业爬坡的时候，偶尔也会欠缺耐心，在他成长的过程中陪伴不够多，有时也会对他发脾气，但是不管什么时候，我都站在孩子的角度平等地跟他沟通。孩子越小的时候，越是家长施加影响的黄金期，即使稍微严厉一点，孩子对父母的依赖和信任也不会减少。

我教他怎样待人接物、为人处世，跟人说话的时候要看着对方的眼睛，打电话怎么开始怎么结束。我在他做事不恰当的时候"修理"过他。记得有一次他被老师批评了，回来跟我抱怨是其他同学的责任，而老师给了他们同样的处罚。我特别严肃地跟他说："妈妈对你的态度很不认同，也不开心，男子汉首先要有担当，学会接受并且承担自己的那份责任。而且人越优秀，承担的责任就会越多。管理者还要承担自己负责的整个团队的责任。遇事首先要反省自己的问题，而不是推诿责任，推诿是懦弱的表现，是一种品性方面的缺失。"我那天讲得非常严厉，让他到小房间里独自反省两个小时，想通了再出来跟妈妈谈。后来儿子痛哭流涕地从那个房间走出来说："妈妈，我错了。"我认为这件事对他影响很大，现在在任何团队里，包括他自己带学生的课堂上，出现了任何问题，甚至是他的讲解孩子们不能理解，他都会举起手来说："哦，是我的责任，不好意思，这个事情我没有给你们明确地讲清楚，我再重新说一遍。"孩子们从未遇到过他这样的老师，所以很喜欢他。在和别人合作的时候，他除了做好自己的那一部分，别人有需要的时候他也非常愿意分担一些，所以，认识他的人都觉得威宇是个非常靠谱的人。

威宇小时候总是不急不躁、风轻云淡的样子，感情不是特别浓烈。别人给予他帮助，他也没有太多地表达感谢，或者是觉得记在心里就行了，不用挂在嘴上。我认为他这样做不恰当，就跟他讲："所有的人对你的付出都不是天经地义的，包括爸爸妈妈。你得到别人帮助的时候，作为一个小朋友可能没有能力马上回馈给别人什么，但感谢是要说出来的，这是对付出善意的人的尊重。一个阿姨送了你礼物或者帮助了你，你看着她的眼睛真诚地说声谢谢阿姨，阿姨会感受到你的懂事，也愿意以后继续帮助你，这是礼节，也是尊重，是人和人交往过程中必须有的反馈。"他后来很注意和别人交往的方式，上大学放假回国，叔叔阿姨们请他吃饭，席间他从不刷手机，而是认真地跟叔叔阿姨聊天，即使对话题不是太感兴趣也会保持该有的礼貌。上了大学学了教育学，有很多弟弟妹妹会向他请教学业或者心理方面的问题，他不管多忙，都会尽快回复，有问必答，而且严谨认真，查找资料，尽量科学准确地回复问题。

对孩子的一些优秀品质，家长要善于发现并帮助他固化，以后把这些优秀的品质拓展到更多方面，对孩子的成长有很大的帮助。威宇四岁的时候我们一起去三亚旅行，我就被他的行为感动了。那一次我们是跟团游，从海口到三亚一路都是坐大巴车，沿途去了好多景点，为了赶时间有时候需要早上五点起床，六点就必须吃完早饭。威宇以前这个时间点在家里还在睡梦中，现在迷迷糊糊地被叫起来，我跟他说要多吃点儿，要不然跟团旅行中午吃得晚，路上会饿。威宇懂事地大口大口地吃，可是吃着吃着就吐了，因为起得太早没睡醒，打破了原来的生活规律。可是威宇听得进道理，吐过后继续大口吃饭。当时我虽然很心疼威宇，但是我从懂事理这个角度表扬了他，一个孩子能遵守群体的规则，是种美德，值得被认可。

上小学时，他去日本游学，跟一位老师住一个房间。有一天，这位老师喝了点清酒，有点醉了，回来后没有脱衣服，躺在床上就睡觉了。他帮老师脱了鞋袜，照顾了老师一夜。第二天老师爬起来一看，威宇帮他把袜子都洗干净晾好了。一直到现在，这位老师只要有机会就夸他。才十岁的年纪，他就学会了照顾别人，有了一颗感恩的心。

威宇上初二的时候，有一次学校艺术节他们班搞了个快闪节目，是一段甩葱舞。甩葱舞表演得很成功，十几个孩子忽然出现，一番歌舞后又马上消失，戴着面具的儿子在十几个女同学中充当葱花的角色，舞步虽然拘谨，但是他一连几天的排练、忙碌就是为了这一刻全校同学的欢愉。节目结束后，他把操场上跳舞用的道具收拾得干干净净，然后回教室收拾桌椅、打扫卫生，听到校长通知楼道有杂物需要打扫，他马上又过去了，到了才发现只有自己一个人，收拾完毕看到垃圾桶太满，又拖着垃圾袋去倒掉，离开校园时已经看不到其他学生的身影了。每次集体活动后儿子都比别的同学回家晚，问起来他总是轻描淡写地说："我收拾收拾耽误了点时间。"那次甩葱舞后我才知道原来我给儿子从小立的规矩"恢复原状"，他一直无声地坚持着：去餐馆吃过饭他会收拾好餐桌、餐具；去我办公室玩桌游，他会带走垃圾和杂物……教育的种子一旦发芽，内在的动力一旦启动，遵守秩序和坚持习惯变成了自觉自愿，竟然具有了这样的力量，能让小小少年恪守规则，坚守秩序，经年累月。

高一暑假，威宇去美国参加一个夏令营，没想到第三天打篮球崴了脚，他在电话里只是轻描淡写地说了一句，我们也没有放在心上。三周以后，他回来了，我们从机场里接出来一个坐着轮椅、带着拐杖的小孩儿，他的小腿紫黑紫黑的，脚踝也肿得老粗。我这才知道他在电话里轻描淡写说的小伤，原来不是那么轻快的。在夏令营的十七八天里，他要走路、坐车、吃饭、活动，还要出海航行，给全团同学做翻译，他怕我们担心才报喜不报忧。

我跟儿子说过："这个世界是由形形色色的人组成的，有伟大人物，有社会精英，有普通快乐的凡夫凡妇，也有道德行为卑劣的小人甚至罪犯。但世界的进步是需要伟人和精英的，不平凡人行非常事，他们会带动这个世界的前行，无论物质或者精神，比起普通人他们要付出更多、更辛苦，但世界真的不能缺少这样的人。没有道德高尚的智者，人们会迷失方向；没有创新发明，生产力会停滞不前。我们不要求你一定成为时代的精英，更希望你拥有简单的快乐，但是如果你愿意也有能力，我们不会阻止你成为那样的人。总要有人比别人承担更大的责任，面对我们生存的这个世界，爸爸妈妈并不自私。"

问:在威宇成长的不同阶段,您与孩子的交流方式是否有所调整?

宇妈: 我和宇爸在孩子成长的不同阶段对孩子的态度是有调整的,但有一个原则从未改变,就是从他出生到现在始终给他无条件的爱和信任。我和宇爸是大学同班同学,又都是学教育的,所以在养育孩子的过程中几乎从来没有发生过分歧,我们让他从小到大都在一个安全温暖有爱的环境里成长,在任何人生阶段都选择支持他、信任他、赞许他。我们家亲子关系良好,这个从未有过一丝改变。

小学和初中阶段我对孩子的态度是不同的,小学的时候我对他的要求相对更严格。那个阶段是孩子能接受严格教育的黄金期,因为小学阶段孩子还没有强烈的逆反心理,你的态度哪怕差点他还是可以接受的。但是到了青春期,孩子会很在意家长的态度和说话的方式,威宇上了初中,我成了赞赏教育的拥护者,没和他发生过一次冲突。我认为他经历了小学教育,必须规范的行为和学习习惯都已经养成了,这时候孩子的自信心更重要了,需要家长小心翼翼地去呵护。如果孩子对学习、对生活、对未来没有了自信,成长的路途险阻那么多,孩子出现问题和波折的可能性就很大。学习是多巴胺主导的过程,如果他不自信、不快乐,学习效率就不会高;如果孩子始终在兴奋、高昂、感兴趣的学习状态中,什么都可以学得会、学得好,再加上一点赏识教育的技巧,他就会认为自己是非常棒的。

威宇对数学学习有过非常不自信的经历,那时他上初中不久,有一次小测验结束,晚上他哭着给我打电话说:"妈妈,我可能学不好数学。"我当时在出差,问他:"为什么呀?"他说:"我今天数学只得了 75 分,我们班有好几个同学都是满分。"我说："一次考 75 分不算什么，我不相信你学不好数学，更不认为你的逻辑思维有什么问题。今天妈妈给你提一个要求，这件事情如果你做到了，妈妈就觉得你特别特别有成就，而且这个成就远远高于一次数学考试得满分。"他说："妈妈你让我做什么？"我说："你现在下楼去，在小区里跑一圈，做几个深呼吸，然后尽快把今天这个 75 分忘了，愉快地上床睡觉。第二天你可以再看这张卷子，你会发现，哎呀，完全没有什么难度，昨天不会，你自己都会觉得很奇怪。咱俩打个赌，看看明天的结果是否会是这样子。一个人最值得骄傲的能力就是控制情绪的能力，遇到挫折是否可以快速地把自己从坏情绪里调整出来。这是一项比学习能力更重要的能力，是很多人做不到的，今天我们试试你是否可以做到。"孩子果然早早睡了，第二天很快就调整好了状态。我热情洋溢地表扬了他。在孩子的青春期阶段，我努力少出差，即使工作忙碌，也尽量推掉应酬晚上回家吃饭，这个阶段，我希望每天都可以看到他。如果他放学回家的时候很开心，我就觉得什么也不用做；如果他看上去情绪不高，我就会跟他说："儿子，我请你吃饭啊！""去看场电影啊！""有什么话想跟我聊聊吗？"他不开心的时候我就想各种各样的办法哄他开心。他有倾诉欲望的时候，我就听他倾诉；他不想说话，就让他静静地消化自己的情绪。我们让他坚信：爸爸妈妈非常重视他，这样他能得到足够的安全感，有了安全感，孩子的内心就会稳定、踏实。这是孩子建立自信的基础，只有在家庭里得到他认为超出预期的认可，他才会向外扩展，再去寻求别人的认同。孩子上了初中以后，任何时候我都对他说我特别信任他，这件事他一定可以做好，勇敢地尝试一下，人是需要勇气的，做不成也不损失啥。后来他跟老师说："起初我妈说这句话的时候我不太相信，但是我看妈妈自己在工作中遇到些事情很难办，很多人也不看好时，她总会说忍一忍，咬咬牙，再试一次，后来我妈果然慢慢就把事情做成了。"他做事情靠谱，在人生任何阶段的收获都超出我们的期许，跟我们的家庭氛围也有关系。

一个人敢于挑战自己，做成过别人都认为做不成的事情，他获得的快乐和自信是无法比拟的，就会在心里建立起一种信念，坚信努力就会有回报，那种幸福的感觉接近于自我实现吧。

问：威宇从上小学就当班干部，也参加了很多活动，虽然这些经历可以锻炼孩子的能力，但同时是否会影响他的学习成绩？

宇妈： 威宇小学阶段当班长，我觉得对他个人能力的锻炼并不太多，更多的是对他的学习态度和学习能力的一种认可，最大的意义是让他受到更多关注和赞许，让他适应和习惯了这样的荣誉，帮助他固定了一些良好的习惯，比如守时、认真、专注，更强的责任感，关照他人的感受等，这些好习惯一旦养成会让他终身受益。初中开始后课业逐步加重，在更多家长盯着成绩和名次的时候，我们给了他更大的发展空间，鼓励他参加各种活动，去世界各地游学，参加各种社团和课外比赛，也结交不同类型的朋友。在保证学习成绩维持在第一梯队的前提下，我和宇爸的观点是，如果活动和学习发生了冲突，就先紧着活动，因为我们在社会上有深刻的体会，能解决实际问题的人绝不是只会考试的人，活动本身可以让孩子开阔视野，锻炼能力，结交朋友，学会解决问题。我们不仅支持他主持、演讲、辩论，积极参与学生的自我管理工作，还带他去听音乐会、演唱会以及参加各种商业活动。我们公司有大型活动的时候，他也会穿上西装打好领带，参与布置会场，引导签到，端茶倒水，照顾客户；他也听我谈业务，看我们和客户签合同。

我们愿意在孩子的成长过程中给他留出试错的空间，有好看的演唱会，我会给他买好票，让他和同学一起去放飞一个晚上。有一次我们去杭州游玩，看到西湖边上有很多有情调的酒吧，他说："妈妈我还没去过酒吧，我想去酒吧看看。"他那时候不到 14 岁，我想也没想就一口答应下来，晚上先带他去了一个比较热闹的酒吧，有很奔放的音乐，有人领舞蹦迪，然后又带他去了一个安静点的酒吧，有人抱着吉他弹唱校园歌曲，两次我都点了酒和饮料，让他自己选择，他尝了尝很好看的鸡尾酒说："不是很好喝呀！"他说过想试试在酒吧待到很晚，可是那天 10 点多他就催着离开，说："妈妈，太晚了，我感觉这里不是那么安全呢！"孩子在青春期的时候会有各种冲动的想法甚至做法，我希望在可控的范围内让他去接触和尝试，而不是一味地说不。和他可能偷偷地自己去做相比，我们更愿意陪伴或放手让他去辨别，让他自己感知有些挺有诱惑的东西其实并不那么美好。

初中阶段威宇的成绩忽好忽差，跌跌撞撞地走过来了，但一直保持在第一梯队。我认为他在初中打下了很好的基础，学校氛围很宽松，他参加了很多活动，做过自律部部长、班长、辩论社长，也组织了很多活动，得到很多锻炼。到了高中，果然像我们期许的那样，威宇各方面的能力开始表现出来。他做了学校的宣传部部长、国际部的学生会主席，有个阶段社会工作甚至比他的学习占用的时间还多。一个假期，他到北京参加托福集训的时候跟我说："这段时间真舒服。"我说："天天都在集训，有什么好舒服的呀？"他说："不用想别的事情，就一个任务——学习，只学习多么轻松啊！"他在学校宣传部事情特别多，有时候老师会要求他一小时内写出 5000 字的稿子，他难为得想哭，说："这简直是开玩笑，一小时怎么可能写出 5000 字？"我告诉他："老师这样表达，只说明这件事很急，一个小时做不完的话，可以用一个多小时、两个小时做完，尽你的最大努力去做就好了。你理解老师的意思是让你放下手头其他的事去做这件事情，这在时间管理上叫做紧急且重要的事，需要放到第一位去完成。"我又说："你要觉得非常矛盾的话，这项社会事务我们可以放弃。"他说："不，妈妈，我再坚持坚持吧。"我就说："那你要管理好情绪，减少抱怨。"类似的情况时有发生，孩子在反复应对突发事件后，抗挫、抗压能力增强了，抱怨减少了，遇事大脑高速运转，行动果决了，这都是对未来进入社会需要的技能的锻炼。我们创办公司经历的事情多，跟孩子讲这个世界上没有多下的力气、白干的活，每段经历都是你在慢慢积累和锻炼。我们一直鼓励他把人生每一个阶段都过好，去恣意挥洒青春，去试错、碰壁，不用在乎结果。没有人会突然有一天就变得能力特别强，一定是日积月累，经历摔摔打打，才能从量变到质变。

问：您前面提到好的学习习惯和行为习惯会让孩子终身受益，平常您是怎样培养威宇养成好的学习习惯的？

宇妈： 威宇刚上小学时，放学回家宇爸就督促他养成良好的学习和作业习惯：放下书包，可以喝水和上卫生间，除此之外不能有多余的动作，不能吃水果，不能看电视，马上高效完成老师布置的家庭作业，包括书写、运算和朗读，然后再放松地去做游戏、读书、玩耍。后来上了初中即使作业多起来，他也一直很轻松，大部分作业可以在学校里完成，课堂学习效率也很高。如果允许，他会坐在老师抬头第一时间就能够用目光交流到的位置，积极给予老师眼神和肢体上的回应。他说学生目不转睛地听讲和频频颔首，这种认真赞许的回应也能提高老师授课的热情。

学习方面我会给他一点方法的指引。比如，期末复习我会一次性把本学期的课本讲完，我们再一起用两三个小时把整本书的内容贯串起来。以初中课本有关植物的知识点为例，我先整体给他讲植物的根、茎、叶、种子等各部分，它们承担了植物活在这个世界上不同的功能：根吸收水分，是发动机；叶子具有光合作用，相当于粮仓；茎是起传导作用的；种子用于繁殖后代。植物不同部位的不同功能，皆起源于组成这些部位的不同组织，不同的细胞形态，然后给他引申到五大组织。从小我就引导他不要一个点一个点地学习碎片化知识，而是把知识连贯起来，能举一反三地认识和解决一些问题。

我的记忆力比较强，看完一本书我就讲给儿子听，这本书主要写了什么样的人物、故事的经过和结局。记叙文其实很好写，用一句话来说，就是写一个人物什么时间做了什么样的事情，所有的细节全部是围绕着这么一个主题来写的。那天天气怎么样，穿了什么样的服装，带着什么样的心情，做了什么事，都是对这个主题的烘托。一篇叙事作文的核心说白了就是包含主谓宾的一句话，然后在此基础上扩展开来，加上细节描述。议论文，就是一个人对一件事情有什么样的观点，关键是看待一件事要学会寻求论据，要会质疑不盲从，有批判性思维，能从多个角度去看问题，这样文章就会很充盈。其实这些都是成年人的思维方式，如果孩子能站在一定的高度去看待问题，就很容易捅破窗户纸，早早建立起孩子的逻辑思维能力。到了初中，我们就开始跟他讨论成年人的问题，比如我们的公司是怎么运营的，核心竞争力是什么，公司税务问题怎么处理，给他解释什么是增值税、所得税。包括我们家选房子、装修、理财，我们也会听他的意见，这样他就不再觉得自己是个孩子，而是家庭的一分子，有发言权，可以参与到家庭经营的任何方面。

问：威宇是什么时候确定出国读书的？为什么做了这样的选择？

宇妈： 走出国留学的路不是我们另辟蹊径，也不是人云亦云的选择，是根据孩子的具体情况做出的理性判断，也算是无奈之举。儿子初一初二时成绩远远好于小学。但是到了初三，他就是坐不下来安心刷题，级部名次也下滑了，好多人对威宇出现的状况不理解。我却跟他讲："妈妈理解你，你是个专注力特别高的孩子，老师上课一两个小时，课后你能把老师讲的知识点全部复述下来，专注力这么好，可能持久力就会弱。别的孩子能一天学习十个小时，你一天高效的学习长度可能只有八个小时，剩下的两个小时别人能坚持，你就坚持不了了。我认为你已经尽了最大努力了，老师不认同是没有看到和尊重的你个性。"

他在初三阶段是很难熬的，已经迷茫、不自信了，在学校里找不到主流的认可，缺乏跟着大家一起往前走的方向感。所以，我们选择了改变。我那时候有一个认知，世界名校注重考察孩子对某件事情的热爱，以及为了这个热爱有多长久的坚持，还有长久坚持之后获得了什么样的结果。优秀大学一定会选择为了热爱持久地付出努力的人。既然不具备坐得住、刷难题的能力，走国际部申请国外学校就变成了另一条可选择的道路。一家人分析后达成了一致意见，我跟儿子讲，上了高中国际部，就可能又回到你擅长和喜欢的赛道，重新找到自信的感觉。那时候宇爸去北京、上海考察国际学校，后来威宇考上了上海一所很好的国际学校，他的心态就完全放松了。数学不强的他也考上了省实验中学的推荐生，全市只有 90 个孩子被录取。在没有学过奥数的情况下，他能进入这个推荐生名单，证明他的学习能力还不错。威宇选择就读省实验中学国际部后，因为语言能力突出，方法得当，适应外教教学，人际关系又融洽，虽然很忙很累但是很快乐很享受，取得了非常好的成绩，申请到了心仪的大学和专业。他在高中学了十几门 AP 课，也受益于这些可以换得大学学分的 AP 课，四年本科他主修了教育学、社会学、心理学三个专业，GPA 也接近满分。他觉得很多课都想去上，很多知识要掌握。他的研究生申请也非常顺利，申请了六所美国排名前十的大学教育学院，拿到了包括哈佛在内的五个学校的录取通知书。

威宇选择了一条适合他的道路，但不是所有的孩子都适合去国外读书，抛开经济因素不讲，语言能力、文化融合能力都是做出这个选择需要考虑的。

问：威宇是否沉迷过电子游戏？在青春期叛逆过吗？

宇妈： 威宇从小学到现在没断过打游戏，每个周末都和同学联网打，不忙的时候可能一口气玩三四个小时。他的每个住处最"豪华"的设备必定是电脑，都是发烧友级别配置最高的电子产品，还要自己动手组装。据姥姥姥爷描述，小时候他也是写完作业就开电脑，听到我们上楼开门的声音赶紧关机，不过姥姥姥爷一直替他保守秘密。初中以后打游戏他就不避着我们了，我不反对他玩游戏，我知道游戏是男孩子社交的组成部分，是他们课外的重要话题，不玩不参与就很难和同学们有融入感。至于沉迷，他应该没有过，游戏是挺好玩的，但是生活中好玩的不仅仅有游戏呀，读书、旅游、打球、听音乐都好玩。就学习本身而言，如果孩子能从中得到高认同感，也是一件他值得付出时间的事。不知道我的理解对不对，在现实世界里很难获得成就感和认同感的孩子更容易沉迷于游戏，就像植物追随着光，孩子们一生都在努力找寻认同和赞许，他在社会交往中，在集体活动里，在读书学习过程能够获得成就感，就不容易被游戏的虚拟世界拉走。

我们家庭的氛围很民主，给予孩子充分的自由，当然，为了防患于未然也采取了一些措施，比如召开家庭会议，成员各有分工，妈妈忙公司，爸爸抓教育，姥姥姥爷分管生活，威宇在保证学习成绩优秀的前提下，可以自由支配时间。我们跟他强调他有权利自由支配自己的业余时间，但背后隐藏的逻辑是成绩不能下滑，这才是他初中以后玩游戏不藏着掖着的原因，他做好自己分内的事，我和宇爸自然遵守承诺。中考前夕、高中申请最繁忙的季节，他也敞着卧室的门，大呼小叫旁若无人地打游戏，多少也让我们有些担心，但想想人家做到了自己承诺的事，我们有啥理由还让他百尺竿头更进一步呢，也就接纳了。现在看，他玩游戏是重要的解压手段和沟通渠道，人生如果都是些无趣而乏味的比拼，谁会喜欢呢？若不为无用之事，何以遣有涯人生！

关于青春期，我觉得无叛逆不青春，叛逆是成长的必然阶段，如果我们期待孩子成长，就必须接受他们对于权威的挑战、对于世界的思考和对于自己过去的否定，这些都是青春期的专属。女孩一般初中一年级就进入青春期，男孩晚一些，作为家长首先要解决的不是怎么处理叛逆问题，而是怎么接受，要从我们自己的心理建设出发。说起威宇的青春期，还真没有什么明显的冲突，可能是因为我们从小就尊重他的意见，把他当成家里平等的一员来对待，关乎他的所有决定，都是一家人商量的结果，得到了他的认同，上什么学校，报什么兴趣班，去哪里旅行，甚至做不做作业他都可以明确表态。他去看演出爸爸就给买票并开车送；他不想做英语作业，我们就跟班主任商量，只要他英语成绩每次不低于 98 分（满分 100）就有权利不写英语作业，上课不听讲，看英语课外书。他其实也在叛逆，或者是找理由挑战家长、学校，好在他从小养成了规则意识，懂道理，不过分，也就好化解了。

孩子青春期的反叛力度往往和之前父母对孩子的控制施压程度成正比，家长以为的孩子听话，只是当时孩子没有能力不听话，不得不遵守父母定的规则，一旦他有了意识有了力量就产生了对抗，在家长眼中就成了叛逆。

问：您和宇爸在培养孩子方面还有哪些经验愿意跟年轻的爸爸妈妈们分享？

宇妈：宇爸全程参与了他的成长，而且有件事情宇爸做得挺好，就是从孩子很小的时候就开始给他写信，从他 6 岁写到了 20 多岁，从一页纸到三五千字，后来在威宇每年生日的时候都给他写一万多字的信，有很多道理就是通过这种方式说通，让他接受的。给他写信这件事情，是偶然开始的。威宇上幼儿园的时候，有一次宇爸觉得威宇有一件事做得不对，就用汉字加拼音给他写了一页纸。第二天早上儿子上学前在他的小书包旁边发现了，非常认真地看了自己人生收到的第一封信，还若有所思沉默了好一会儿，后来就改正了缺点。从那以后，宇爸发现写信的效果很好，就每年都给他写。在信里，爸爸带他回顾我们家庭相处的感动时刻和美好的心情，描述他每一点进步带给我们的喜悦，信里对他提出期许，表达爱意，讲述道理。后来威宇当了学生会主席，他也会在节日里给每个学生会干部写一封信，总结过往，提出期许，带着礼物和墨香，传递着爱和尊重，也传递着一种仪式感。

这也是我想告诉年轻的爸爸妈妈们的一句话：家庭生活和亲子教育要有仪式感。孩子们无论学业水平排在哪个档次上，都有权利也应该在花季年龄成为一个健全快乐、热爱生活、充满阳光的人。仪式感来自家庭，父母的仪式感对孩子成为一个快乐温暖的人是有很大帮助的。仪式感是什么呢？是节日的鲜花，是出席音乐会和舞蹈剧的盛装，是生日时精心准备的礼物，是周末全家人围坐在一起的可口的晚餐，也可以是一家人聚在一起的守岁，是寒暑假里收拾行囊的远行。我们家会非常认真地度过每一个纪念日、节日、生日。在这些纪念日里，都会有鲜花、有礼物、有聚餐，全家人会细心地准备孩子的比赛、演出、主持，甚至是考试。

教育不是灌输，而是点燃。如果在孩子认知世界并尝试接触、沟通世界的第一时间，父母就能以循循善诱、孜孜不倦的教育方式和鼓励引导的教育理念，赋予他面对世界、拥抱世界的理想、信心和智慧，那么，不必花费多少精力，孩子们自己就能够成长为很棒很优秀的人。

人生如棋
　局局新

家长经验帖：

注重孩子早期智力开发、性格锤炼、学习方法的养成。孩子越小可塑性越强，收益也越大。不好高骛远，尊重孩子个性，将触手可及的资源充分用好用足。制定切实可行的短、中、长期目标。长期是方向，短期是切合自己实际能力，通过努力可以达到的明确目标。在实现每个小目标的努力中自然就抵御了各种消极干扰，朝着未来的"大目标"奋斗也更加坚定。

统筹规划，制定详细合理的时间表，注重效率，严格遵守并养成习惯。把每一个知识点学活学透，这样才能在之后的相关学习中不断地"滚雪球"。

不靠题海战术取胜，做一题掌握一题，而且要举一反三。用好错题集，重点是写出错误的原因，或指出该题的要点。这种加注的方法才真正有助于分析、思考、记忆。归纳总结知识点中共有的规律，在头脑中形成知识网络，特别是文科的知识点比较细密零碎，不形成网络很容易有所遗漏。

探索名校学生成功背后的家庭及其自身的原因，当然不可能缺席清华大学学子，于是我们约访了2020年被清华大学录取的刘光奕的父亲。见面前，对其父子俩仅仅停留在清华大学这一闪亮却浅显的印象，其余一无所知。

　　甫一见面，光奕父亲就给每人递了一张名片，这一社交方式实在是"古老而陌生"，如今纸质名片几乎完全消失。名片正反两面文字很满，提供的信息集中在对国际象棋的推介上，光奕爸为该市国际象棋协会、棋院的主要负责人。

　　我们以为这就是光奕爸的职业。

　　光奕的高考成绩十分耀眼：语文、数学、英语、物理、化学、生物6门总分702分，其中数学150，满分，为该市理科状元，名列全省第九，毫无悬念被清华大学录取。

　　一门门高考成绩定格了光奕18岁节点的高光时刻。显然，这些阿拉伯数字对于一个父亲来讲，任何时候回忆都是骄傲又甜蜜。

　　那么，光奕成长背后到底有什么锦囊秘籍呢？带着好奇和疑问，我们希望通过光奕爸的讲述，看到一个更具体更生动的孩子，呈现一个更全面也更普通的状元，而不是单薄的标签。那些关于光奕的猜测，在光奕爸的讲述中被刷新或重建。

以下根据光奕爸的讲述整理——

初入棋道

时间推回到光奕小时候，我们开始打捞他的成长经历。作为 2000 年后晋升为父亲的光奕爸，当然也和同时期的父母们一样，把早教列入为人父母的重要职责，但在早教机构和课程的选择上，并未见光奕爸比周围的家长更用力，不过是泛泛地上了一些培养孩子对数字、计算建立基础认识的早教课，阅读方面也没有格外突出的培养，无非是买了许多绘本与孩子共读，内容当然就是适龄儿童的童话、科普书一类。

真正的发力是从光奕 6 岁上了小学开始。遵循划片就近入学规定，光奕上的小学非常普通，在该市众多小学中并没有格外出名。但该校 20 世纪 80 年代末就开始尝试国际象棋进校园、进课堂活动，经过 30 年不断尝试、改进，将其打造成了该校的特色。国际象棋多年来作为校本课，在一、二年级全员普及，学校每年都会举办国际象棋文化节，让所有学生参加，全方位提升学生的棋艺。该校国际象棋有着深厚的资源积累和骄傲的传统，国际象棋名将赵雪（2002 年世界青年女子个人锦标赛冠军、奥林匹克团体赛冠军）便是从这所小学走出去的。

同样，光奕的学习方法、学习能力的养成都因他小学六年与国际象棋相伴受益匪浅。

传道般科普国际象棋

可是国际象棋的话匣子一打开，光奕爸并不急于回顾孩子的成长之路，他话锋一转，兴致勃勃地科普起国际象棋知识，甚至坚持要打开随身带来的一副国际象棋，边演示边讲解，仿佛作战指挥官在沙盘上推演。

国际象棋是由64个黑白相间的格子组成正方形棋盘，双方各执16枚棋子，融艺术、科学、知识和灵感于一炉的游戏，又被称为"智慧的体操"，起源于亚洲，大概在10世纪前后由阿拉伯人传入欧洲，成为国际通行棋种，是一项智力竞技运动，曾一度被列为奥林匹克运动会正式比赛项目。11世纪末，遍及欧洲各国。在当时的文献中，将国际象棋列为骑士教育的"七艺"之一，即骑术、游泳、射箭、击剑、狩猎、赋诗和下棋。

不能不说光奕爸是非常善于讲故事的。他激情澎湃地介绍了2023年4月7日刚刚创造了中国国际象棋新历史的丁立人，经过68个回合22天的激战和煎熬，中国男棋手第一次登顶国际象棋世界之巅，成为国际象棋第17位世界冠军。然后又滔滔不绝地科普起国际象棋的十大益处，原以为他就是照本宣科式地排列一番，不想随着他一点点地展开，竟让人越听越入迷。

一时间，国际象棋的浪漫传说与国际象棋大师的轶事齐飞，复杂的对弈规则与多方位的益智一色，光奕爸来回自如切换。20世纪七八十年代度过青少年时代的父母，鲜有得到教科书之外兴趣爱好的培养，对棋类的触摸基本上停留在飞行棋、跳棋、五子棋的粗浅娱乐，对于象棋、围棋的堂奥的认知几乎完全空白。原本采访者只是抱着扫盲的心态略知一二，不料却被光奕爸渐渐引入佳境，国际象棋的魅力深深地征服了众人，难怪世界上有197个成员国在普及这一体育运动。

一番国际象棋知识介绍下来，盛夏的太阳已经沉沉西坠，天边的晚霞像一片橙色的火。

让人一度怀疑采访跑题了。

"生动传神的故事最容易俘虏孩子的心，"光奕爸得意地一笑，"那会儿我给光奕讲了个国际象棋的起源，一下子就把小子的兴趣调动起来啦。"

打开光奕心扉的是这个故事：古代印度有个国王，拥有至高无上的权力和难以计数的财富。日子久了，权力和财富却使他倍感空虚和厌倦，高坐在王权宝座上的他渴望有新鲜的内容注入。某天，一位老人带着自己发明的国际象棋来朝见。国王很快就被这款考量智力的新奇的游戏迷住了，于是对老人说："你给我带来了无穷的乐趣，我可以奖赏你任何你想要的东西。"老人便要求：请您在棋盘上的第一个格子放1粒麦子，第二个格子放2粒，第三个格子放4粒，第四个格子放8粒……即每一个次序在后的格子中放的麦粒是前一个格子麦粒数目的2倍，直到最后一个格子放满为止。国王哈哈大笑，以为不过是个卑微的请求，便慷慨地答应了。然而，最终国王却发现，全印度的麦子竟然连棋盘的一小半格子都放不满。

老人索要的麦粒实际上是天文数字，总数将是一个 19 位数，折算重量约为 2000 多亿吨，即使现代，全球小麦的年产量也不过数亿吨。

古老的传说、神奇的数字一下子抓住了孩子的心，光奕爸边说边自豪地拿起小小的正方形棋盘，仿佛那是他统领的广阔疆域。

利用身边的资源最大化开发儿童智力

话题拉回到对光奕成长的具体回溯。

回想起来，小学阶段光奕并没有上各种辅导班，六年从不间断的就是国际象棋的学习，而这项活动使他获得的收益大大超过了弈棋本身。

公众对于下棋可以开发儿童智力的认知模糊而笼统。该市不仅多所小学开设了国际象棋课，城市里也遍布棋校，身边的棋童并不鲜见，但多数家长只停留在全社会都注重儿童素质教育，国际象棋便是琴棋书画中非此即彼的选项之一，并不见家长和孩子道出更多的子丑寅卯。不少家长认为给孩子报了班，负责接送孩子上下课就算完成任务了。至于孩子感兴趣与否，学得如何，似乎就与他们无关了，家长理所当然地认为"我也不懂，让他自己学去吧"的实在不是少数。也有一些家长只把孩子的晋级或者胜负、和别人的比较放在第一位，如果孩子输了就随意批评，得失心如此之重，完全违背了下棋在智力开发、谋篇布局、情绪管理等方面的意义。

光奕爸喜欢棋艺，小时候多少会下点中国象棋，但出生于 20 世纪七十年代的他，完全是野蛮自由成长，教科书外的素质培养对那代人来说是奢望。他们下棋多是跟着父母兄弟或是街坊邻居学得一星半点，光奕正经学棋之前，光奕爸也仅仅停留在喜欢下中国象棋，完全算不上精通，基本上就是个爱好。

光奕因国际象棋而受益匪浅，很大程度上跟光奕爸的与众不同有关。不缺失孩子成长每一个环节的责任感，光奕爸比许多家长更强烈。他意识到，国际象棋固然是孩子的校本课，但不是把孩子交给学校，每周一节课45分钟上完就不闻不问了。国际象棋规则复杂深奥，对于6岁刚入门的孩子，难度和挑战性不言而喻；每一堂课学习之后有了点滴进步，幼小的孩童常有强烈的表现欲，需要有对手厮杀对弈，得到正向反馈。初学阶段，成人的理解力较强，往往比孩子进步快，此时家长如果能跟孩子一起学习，就可以起到引领孩子甚至成为激发孩子追赶的小目标的作用。家长跟孩子交流对弈的意义，远不是为了让孩子谙熟规则，提高技巧，更重要的是在此过程中得到家长的欣赏和鼓励，可以增进孩子对这项智力竞技游戏的兴趣和热爱。如果家长表现得漠不关心，懒得了解孩子学了什么，或者给孩子一种自己也完全不懂的感觉，慢慢地孩子就会失去和家长交流的兴趣，与家长越来越隔膜，孩子本来可能越燃越旺的热爱之火渐渐地也就熄灭了。

正因为深知儿童的心理，叠加自身的爱好，孩子学棋的同时光奕爸也坚持不懈非常享受地参与其中。

当然光奕爸也有工作忙碌的时候，没有更多的时间钻研棋艺；也有后生可畏，渐渐被儿子甩得越来越远的时候。这时他会乐于当听众，让孩子每次课后给自己讲解内容，认真向孩子学习。

早在西汉时期的《礼记·学记》里，古人就总结了教学相长的意义，教和学双方互相影响和促进，都得到提高。教学是教与学的交往互动，师生双方相互交流、相互沟通、相互启发、相互补充，在这个过程中教师与学生彼此间进行情感交流，从而达成共识，实现共享、共进。光奕爸父子便是亦师亦友，孩子与棋相伴的小学六年，也是光奕爸积极下场，与孩子共同进步的六年。

初入小学的懵懂孩童，首先面临的问题就是专注力、自控力不足，这几乎是困扰所有家长的普遍问题：孩子"坐不住"，浮躁，上课注意力不集中，课后做作业边玩边写，磨磨蹭蹭。光奕入读小学的同时就学下国际象棋便很好地解决了这个问题。因为一旦坐在棋盘边开始对弈，就意味着必须全神贯注，国际象棋严谨的规则要求"摸子动子，落子无悔"，棋子落在哪一格上绝不可反悔，而棋盘上的千变万化，又常常意味着"一着不慎，满盘皆输"，要战胜对手，不容丝毫的掉以轻心，下完一盘棋常常费时数小时。别的十岁上下的男孩调皮好动仿佛屁股长了钉子，光奕已经能托着腮静静地思考很久如何挪动一枚棋子了。

下棋需要兑子，要下好棋必须学会计算和分析，预判后续棋步着法，要有严密的计划，所谓走一步看三步，"运筹帷幄，决胜于千里之外"。因此在光奕开启学习弈棋之时就有效地锻炼了他的计算能力和提高了他的逻辑思维能力。

正如光奕妈所说，培养一个优秀的孩子，需要夫妻两个人密切配合，缺一不可。光奕爸主外，负责孩子的"大事"规划，如开家长会、学棋的接送、学业政策的学习研究等；光奕妈在家多是起松弛的作用，陪伴光奕"吃喝玩乐"，夫妻俩一致认为应该对孩子多些理解和耐心，家长对孩子要多赞美,少批评指责,"要做助教员,而不要做裁判员"。

如同一棵树苗的栽培,任何一次的付出都不是无足轻重的,都是为这棵树苗洒下的一把肥沃的养料。撒一把当然不会起决定性变化,但一把一把地撒下去,点滴地积累,生命的根须就从土壤里不断汲取营养,早晚有一天会变成远远地就被别人看见的茁壮大树。

六年与国际象棋相伴,光奕多次在国内、省、市级国际象棋比赛中取得优异成绩,晋升为"国际象棋国家三级运动员",获得省级"棋协大师"称号(业余最高段位)。另一方面其文化课成绩一直名列级部前茅,每学期均被评为三好学生和优秀班干部,便是水到渠成的事情了。

无数盘对弈过程中绞尽脑汁的思考,最好的肯定和嘉奖当然就是取得各种好成绩,满满的成就感鼓荡在童稚的心中,激起了他向更高的目标奋进的勇气和动力。

奔跑的初中阶段,需要慎重取舍

时光滴滴答答走过了六年,告别小学生活,光奕凭借在国际象棋竞赛中获得的各种奖项,入读该市美誉度很高的一所附中。这所初中以"因材施教,注重基础,培养能力,发展特长"为治校理念,以丰富多彩的活动形成学校特色——植树、徒步、骑行、音乐节、戏剧节……学校并不单一地以卷面分数划定孩子的成绩,而是更注重每一个孩子能力的施展,把孩子培养成健康、自信、快乐、有用的人。校长曾经说过一段话深得人心:"从这个学校走出去的学生,成就大小另论,可是希望我的学生们即便是扫马路,也是快乐地哼着小曲儿扫的。"开放、科学、活泼的现代办学理念,使光奕如鱼得水,他像一棵小树般日渐茁壮。

如同每下一步棋都要三思而后行,因为每一步都和未来的大局关联。光奕爸和孩子是清醒、理智的,父子深度沟通,评估了光奕的兴趣、天赋和未来的抉择后,一致认为光奕并不适合走国际象棋专业选手的道路,既然如此便应当及时开拓新的赛道,转而将时间和精力用于学好各门课程,把文化课的基础夯实。光奕初中以后不再去上国际象棋课,国际象棋退居为他的业余爱好,是他文化课学习之余的放松,同时很好地开发了他的右脑。

如果说小学阶段功课的难度还不大,学生各方面素质的差距也不那么明显,那么上了初中就是另一种考量了,无论是功课量还是课程难度都大幅度提升,不少小学阶段考试分数很高的孩子,初中阶段开始显出吃力,遭遇滑铁卢的也不乏其人。

光奕表现出的是另一种面貌,小学阶段他就很好地得到了毅力和心性的磨炼,摸索出一套行之有效的学习方法。上了初中舞台更大了,他的提出问题、发现问题、分析问题,直到最终解决问题的优势也进一步体现。下棋很好地练就了他自我控制、自我调节和自我教育的能力。如对时间的控制,对对手的控制,面临对手咄咄逼人的挑战的自我调适和排解等,使他比同龄人更笃定稳健。对棋局的规划还锻炼了光奕丰富的想象力、敏锐的洞察力及独特的创造力。他持续享受着弈棋积累的红利,对各门功课的学习游刃有余,百尺竿头更进一步。

与此同时，长期从事人力资源管理工作的光奕爸，非常清楚团队合作的重要性，孤掌难鸣，一花独秀不是春。是时候培养光奕的策划、协调、组织、管理等能力了。他鼓励光奕积极参与班长的竞选，小荷才露尖尖角，光奕自己也跃跃欲试。恰巧该初中特别推崇学生自主管理和运作，许多项目老师只负责指导，具体细节完全靠学生自己落实。

　　无数盘棋既培养了光奕实事求是、不弄虚作假、守规则、尊重对手的良好品质，棋盘上的风云变幻、胜败常事也很好地锤炼了他的心理素质。处下风时的紧张感，占优势时的兴奋感，赢了之后的成就感，大好的局面下由赢变输的懊丧感，棋局不断变化的焦虑感等各种冲击，使他比同龄人更具备胜不骄败不馁、沉着冷静、积极进取的稳健。

　　这一切促使光奕渴望在管理班集体的现实中锻炼、施展自己的能力。与同学、老师的沟通合作、与社会打交道是更大更复杂的一盘棋，这份诱惑和挑战完全不输于棋盘上的调兵遣将，运筹帷幄。

　　光奕爸讲过一个关于国际象棋起源的有趣版本，光奕记忆深刻——2000多年前，印度有个国王，独断专行，飞扬跋扈。有个大臣想拿"君王不能离开臣民而存在"的道理来劝告国王，但又不敢直言相谏，怕惹来杀身之祸。于是他想出了一个暗示的办法：在木制棋盘上，用骨制的棋子组成两支军队进行战斗；每一方面有一个首脑即王，另有车、马、象、兵四个兵种，组合成一个阵容的整体，王是最主要的棋子，王一死，战斗便结束。可是王同时又是很弱的一环，他只能依靠战友——即别的棋子保护，这些棋子必须在整个战斗过程中同心协力来保卫王。光奕很小就意识到个人领导力与集体力量的重要性。

　　内外环境都恰到好处地促成了光奕得到另一种锻炼。

通过竞选，初一新学期他如愿担任班长，三年来他负责参与策划了文艺汇演、综合实践活动、班级辩论赛等10余项活动。同时继续发挥他在国际象棋方面的优势，担任级部棋类社团理事工作，积极推进国际象棋在附中的普及工作，成功组织策划了"国际象棋世界冠军——赵雪姐姐，走进附中""班级国际象棋大讲堂"等社团活动，让更多同学喜爱国际象棋，受益于国际象棋。

光奕活跃在学校的各项活动中，班长的身份为他提供了更多锻炼的机会，学习成绩、自我管理、班级管理、团队合作协调能力均取得长足进步。

三年未曾辜负的每一个日升月落，使光奕交出了一份份骄傲的成绩单，在各种机会锻炼下，他的综合素质得到大幅提升，全面发展。

冲刺的高中阶段，每步棋都是别出心裁的规划

初中三年结束，光奕以推荐生的身份进入高中。所谓人生如棋局局新，每动一次棋子，都关联下一步乃至结局。人生关键点的每一个决策更是如草蛇灰线，伏延千里，点滴汇聚成未来。光奕成长的每一个节点，都佐证了下棋对父子俩整体思路、决策的影响。又一个全新阶段的开启，父子俩再一次认真分析，缜密布局。最终慎重地确定了高中阶段的大方向：以"归零"的心态，全身心投入文化课学习，为三年之后的高考夯实每一个脚步，

同时将担任班干部的锻炼机会让给更多的同学。

高中阶段,学习任务和学习压力进一步加大,学生成绩出现明显分层。高考录取依据是总成绩,因此不能偏科,各科均衡发展是高考胜出的保障。高一开始每一天都不容懈怠,高考绝不是到了高三才开始奋力的事情,每一步都是在走向未来的大学。

越到险峻的分水岭,越显出光奕累积下来的优势,小时候下棋要记棋谱,每次比赛之后要复盘,日久天长很好地训练了他的记忆力,而且是理解性记忆,自己整理编织知识网络。常年下棋需要思考复杂盘面,对他的逻辑思维训练起到了至关重要的作用,使他学会从纷繁复杂的表面提炼出规律性的东西。进入高中后他在理科方面的学习优势尤显突出,当别人面对数理化的拦路虎绞尽脑汁时,光奕却势如破竹,所向披靡,也因此乐在其中。

由于没有经历过中考,光奕决定高二先行试水高考,作为一年后正式高考的实战演练,目的是熟悉考试流程、命题思路、知识考查的难度等等。提前一年试考他取得的总分是 603 分,这很大地加强了光奕的自信心。少年壮志,他想问鼎清华大学。

清华园的种子悄然发芽

高二暑假的一个活动对光奕产生了决定性的影响,通过选拔,他参加了清华暑期学校。从中学校园踏入百年积淀的清华园，大大拓宽了光奕的眼界。这所高等学府古老又现代，一个多世纪以来培养出许多名字如雷贯耳的大师和学者，在诸多领域叱咤风云的人物。得以现场领略教授渊博的学识，少年的心被征服了，同龄人之间的思想碰撞，丰富的文娱活动……夏风和蝉鸣中，近春路上满塘"田田的荷叶像亭亭的舞女的裙"，当年正是因此激发了朱自清的灵感写下名篇《荷塘月色》，语文课本里熟读的景致，如今真实地徜徉其间。短短两周时间，在光奕心里产生的聚变力量是巨大的。如果说清华大学曾经是光奕心里一个朦胧的梦，这个夏天光奕心里种下了水木清华的种子，"自强不息　厚德载物"的校训深深植入他的内心，少年被充分赋能，梦想变成了明确的目标，激励着他在高三一年铆足了劲朝着心中的方向奔跑。

　　阿基米德说："给我一个支点，我能撬起整个地球。"有时候成长要跨越漫长的季节，但有时候又是一瞬间的，一件事、一个活动、一本书甚至一句话，也许就会让人产生质的飞跃，孩子常常因为一件小事突然就长大了。

　　光奕就是这样瞬间长大了……

复盘和总结

　　如今复盘的应用无所不在，大到很多公司，小到个人：证券操盘手、运动员、外科医生……都意识到复盘的意义和价值，将复盘的环节引入管理和工作中。通过回顾事件的整个过程，重新审视、思考事件中的行为和思维，从而发现问题，找到根源，吸取经验教训，总结规律，最终实现能力的提升和对未来更准确的把握和决策。

而复盘本是棋类术语，举凡围棋、国际象棋等棋类活动，要想成为个中高手，复盘是必修课。对局结束后，或自己或请高手指导分析，复演该盘棋的过程，揣摩对方的心理活动和战术，找出双方攻守的漏洞，检查对局中着法的优劣与得失关键，这是提高自己水平的好办法。棋手平时的训练，很多时候并不是在和别人厮杀，而是把大量的时间用在研究棋谱和复盘上。

复盘了光奕走向清华的过程，我们请光奕爸言简意赅地做个归纳总结，不出意料，作为资深棋迷，父子俩早已把复盘工作做足了。光奕爸立刻就从手机里调出光奕总结的学习经验文档，果然版块明晰，条分缕析，满满干货。从中可以窥见他的个性化秘诀，实用性、操作性强。

原样照录于此。

学习习惯与方法：

1. 上课认真听讲，确保课堂效率，力争把每个问题搞得透彻明白。
2. 勤记笔记，定期回顾。笔记要重点、难点、易错点突出。
3. 作业及时落实，对完成作业、复习用时做好规划，不要养成拖拉和浮躁的毛病。
4. 及时整理好各种卷子和学习材料，考试前重点翻看。

自主学习的方法：

1. 无论是上学期间还是假期，首先做好时间规划，然后是严格的执行力！同时利用好零碎的时间。

2. 百分之百专注，不打折扣完成学习任务。辅导班不是万能和决定性的，独立思考、自主学习更重要。

3. 脚踏实地，不投机取巧。背熟是学习的基础。文言文字词、重点段落、公式、英语单词、化学方程式……

4. 总结、归纳、积累。从每一套卷子、每一道题目中吸取精华，比如总结具体的思路、方法，掌握题目背后的知识，搞清楚为什么错，分析错误类型，在错题旁写下心得。不只是错题，还应该有典型例题、易错题、蒙对的题……

注意纠正不良的做题习惯，比如计算跳步骤、审题不仔细等。用具体的措施改善习惯，比如将题目关键信息和所求目标用笔圈出来。

5. 像考试一样对待作业，才能像做作业一样面对考试。

6. 学有余力时可以进一步挑战和拔高，推荐数学拓展，深入研究压轴题、难题，注意其背后的基本方法与思路：比如数学四大思想：函数与方程、转化与化归、分类讨论、数形结合。

如何应对考试：

1. 放平心态，专注于题目本身，不审错题，不算错数。

2. 遇到难题永远不慌，遇到简单题永远不麻痹轻敌。我易人易，我难人亦难。面对熟悉的题型更要提高警惕，不凭经验。考完一科忘掉一科，不对答案。

3. 规划好时间，每一模块大概用时要心中有数，不纠结于某一道题而影响后面的答题。

棋盘上的兵只有一次"升变"机会，人生有无数次

国际象棋中有一个规则："升变"——威力最小的兵，如果能冲到对方底线，就可以"升变"成除了王之外的后、车、象、马四种棋子中的任何一种，与它们具有同等威力。也就是说，兵虽然出身卑微，曾经能力弱小，但并不是没有进阶的机会。"升变"这种棋文化似乎蕴含了渺小普通的平民完全可以通过努力奋斗就有机会改变命运的巨大隐喻。

成长的十八年来，光奕不就像个"小兵"，执着地探寻走进清华大学的路径，一步步实现自己的华丽"升变"！

清华不是他荣耀的终点，而是他的再一次破土萌芽。中国女子国际象棋队队员、国际象棋特级大师侯逸凡的获奖感言同样适用于勉励光奕："每一次的终点都是新的起点，青春就是在不断地前行中自我超越。"

光奕考入清华大学后，学习依然刻苦认真，各科成绩在电子系中名列前茅，全部获得 A^+。业余时间他还积极参与学校学生会工作，在学生会中发挥自己所长，帮助其他同学学习国际象棋、围棋等。在 2021 年清华大学"马约翰杯"国际象棋比赛中取得季军的好成绩，多次获得"国家奖学金"，2021 年获得中国数学学会全国大学生数学竞赛一等奖。

大彩蛋

光奕爸给人的印象要比同龄人年轻许多，他的每一个毛孔都仿佛在散发着活力，浑身有使不完的工作激情，时间的齿轮没有把他进取的锐气磨平。

访谈尾声，习惯性地问询光奕爸毕业的院校和专业。以他数小时侃侃而谈对国际象棋、对教育、对创业方方面面的见解，潜意识里其实我们已经先入为主地认定他至少大学本科毕业，不料光奕爸笑眯眯地道出他的第一学历是中专，着实令我们大吃一惊，光奕妈则是大专学历。以世俗评判论，落差太大，实在难以把这一切和清华大学学子、高考状元父母的身份重叠，无论如何也和赢在起跑线上统一不起来吧？

"升变"更适合定义他的人生路径。

光奕爸不就是以日拱一卒、功不唐捐的信念，不断开拓不断挑战自己不断地进步，以求不断地接近"升变"？无论为人父还是他对自身的诉求，都体现了他这种执着的追求。不过国际象棋棋盘上的兵只有一次"升变"的机会，而光奕父子的人生却是辽阔的，可以有无数次的"升变"……

光奕爸手握汽车方向盘，自信笃定地看着前方，抑或是他心里无尽的远方，自信地说一个人的学历只代表过去，能力才代表现在；学习力决定他的未来，而学习力变成生产力才有价值。

避开"刷题"和"内卷"高效生长

家长经验帖：

避免重复性刷题，呵护孩子学习和探索的兴趣，让孩子感受到知识的神秘与美好。

爱运动的孩子比较坚毅勇敢、心胸开阔，反应也更敏捷。抽出时间多运动，放松大脑，排解情绪，可以更好地促进学习。

对青春期孩子的问题点到即止，避开正面战争，退一步不败不伤。

为孩子提供一些实实在在的帮助，节省出时间让孩子做自己喜欢的事，帮孩子减轻压力。

经历困难和波折，孩子会磨炼出遇事不抱怨、不后悔，相反尽最大努力去争取、挽救的心态，坦然接受可能出现的结果，在或顺利或糟糕的每一次际遇中汲取成长的力量。

有嘉就读普通高中班，却在高二时作为国际教育的"业余选手"拿到了剑桥大学的有条件录取通知书（提前一年结束国内的高三学习，入读剑桥大学）。回溯她的成长，有很多似乎"不可能"的事情。小学、初中就读的学校非常普通，却考上了知名高中的推荐生；从上小学就没刷过题，却成绩优异；语文和生物都非常出色，钢琴演奏可走专业路线，却选择了申请物理专业。有嘉打破了不少人们固有的认知，她的成长有着怎样的不同？

在一个明朗的夏日，我们访谈了有嘉妈妈。嘉妈在某国有通信公司做行政工作，她留着齐耳短发，干净利索，说话快言快语，讲起孩子的故事来绘声绘色，笑语连连。她很乐意讲述女儿的成长故事和对教育的理解，自己还开了个微信公众号，希望能够简单快速地把陪伴孩子成长的体会分享给更多的家长。她和嘉爸都不是企业的高管，但他们的生活踏实平稳而丰富，帮助孩子避开了"刷题"和"内卷"，使有嘉更健康和高效地成长。

问：有嘉为何选择国内高考和申请英国大学两个赛道同时参赛？她高二就拿到剑桥大学的有条件录取通知书，是否很早就进行了规划？

嘉妈：留学是有嘉6岁时开始建立的梦想，那时她的梦校是哈佛大学。小时候我带她去其他大学游玩，问她以后上不上这所大学，她总坚定地说："我要上的是哈佛大学啊。"但对非北上广深江浙知名中学的学生来说，本科申请到哈佛大学的难度很大，但是每年都会有几个录取到剑桥大学。而且，申请英国大学主要看学术能力，美国大学会有更多的考量指标，上普通高中更容易兼顾英国大学的申请。在有嘉上初二的时候，我们确定了高中上普通高中班并同时准备申请英国大学。

有嘉高一暑假时决定提前一年申请英国大学，只是想增加一次实战经验，帮助高三时正常申请。经过紧张的笔试和面试，意外地收到剑桥的有条件预录取通知书。高二下学期有嘉全力转入国际赛道，成功达到剑桥的录取条件成为剑桥大学的一名本科生。两个赛道同时参赛很不好平衡，为了理想和目标，闯过一关又一关，着实不容易，但是幸运的是有嘉避开了大量"刷题"和"内卷"，较好地保护了学习兴趣。

国外的好大学基本是导师制，以探索性、研究性学习为主，本科就有很多时间和机会参与到研究中，孩子能接触更多、更深的知识，并积累科研的经验，本科阶段的研究性学习对申请硕士、博士也有很大的好处。单纯的学术氛围对于一心想从事科研的孩子来说是合适的。

英国每年一共约有70万高考生，数量少，名校也较多，相对容易进入。国际课程重在理解和应用，能把课本知识点理解透彻，熟悉考试题型，就可以取得理想成绩，考试时提供公式本、科学计算器等基本工具，不必死记硬背和反复练习计算。在这种情况下，女儿才能以一个"业余选手"的身份高二就考入剑桥大学。

女儿升高中因为考上了推荐生而没有参加中考，也没有参加国内高考，从小学起就没有进行过额外的"刷题"，除了完成必需的课堂作业，大量的时间用来课外阅读，关注社会新闻、科学讲座，参加运动、旅游，因此知识面比较广，多才多艺，对学习一直保持着浓厚的兴趣。这是很多在中考、高考重压下的孩子难以具备的心境。申请英国大学可能是避免"内卷"的一条路径，同等学力可能申请到更好的大学。

问：现在很多小学生为了完成作业和取得好成绩，晚上窝在家里做很多练习题，学校也有这样的要求，您是怎样帮助有嘉避开"刷题"的？

嘉妈： 有嘉上小学时下午 5 点左右放学，回家后喝水，吃点水果、零食，然后写作业、弹钢琴，到 6 点半开饭的时候这些事就都做完了，大家一起吃饭聊天。饭后，各种活动都是她自己喜欢的，我们不派任何任务，只是全心陪伴，可以一周七个晚上都去家旁边的公园看湖里的游鱼。我会和孩子一起很投入地喂鱼、捞鱼虫、找小石子，坐在草地上看她翻跟头，陪她一起滑滑梯，做她的玩伴。

大约四五年级的一个晚上，我们在外面打球，周围几乎没有同龄的孩子，有嘉说："明天就考试了，小朋友们都在复习不出来玩了，要不我们也回家吧？"我说："还有没掌握的吗？考 95 分有问题吗？"有嘉说："没有吧。但是其他好多同学考试是双百，我每次都是 98、99。其他同学做完作业还会再让爸妈听写一遍。"我说："一晚上光学习，和学习之外还能活动、锻炼，你觉得哪个好？只要上课认真听讲，用心完成作业，知识点掌握牢固了，保持 95 分就是优，没必要非得双百，重复炒冷饭就是浪费时间。"她听了就继续开心地打球了。

刚上小学时，老师要求孩子们写拼音、汉字要干净漂亮、整齐划一，经常要擦好几遍重写才能保证一行的每个字都达到要求，这让有嘉有时候挺烦躁。我告诉她："后一个字比前一个字好看就是进步，没有必要这么完美。"可是老师会要求不符合规范的重新写，我发现有嘉在老师要求重写的时候就会换一个新本子，我装作什么都不知道，只是准备了好多田字格本放在柜子里。

爱玩、喜欢简单的快乐是孩子的天性，我上小学时扭了脚课间十分钟也要出去跳皮筋、打沙包，玩得满头大汗，不亦乐乎。当一遍又一遍地抄写、口算、数个课外辅导班占据了孩子几乎所有的课余时间，提前写完了作业妈妈再"赏"一张卷子做，孩子怎么会有学习的积极性？我非常理解那些一想到上学或看到作业就反感的孩子，也许他们被逼着写了太繁重的作业，他们会磨蹭到父母回来再写作业，磨蹭到深夜才写完，最终在妈妈的焦虑与烦躁中失去可贵的内驱力。

四五年级数学上了难度后，有嘉有时考试也不理想，我就抽出一些比较难的题目让她告诉我思路，如果不会就对照答案倒推回去弄明白，过几天再问问，但不会让她花大量的时间去做整套的卷子。她很快就掌握了方法，自己能解决数学难题了。

有嘉从小不喜欢重复性地抄写作业，一些会的题就不写了，省出时间可以弹琴、看小说或者打球。但是，有嘉会对自己负责，不会的知识点会想办法解决，因为她觉得学生应该弄明白老师讲过的内容，学习是为了自己多掌握知识，实现自己的理想。有嘉初中上的是一所普通学校，但是班主任非常好。他不是只重视中考，而是告诉学生们重要的是高中三年后考大学，那时候考什么，需要什么，有什么目标，要照着那个目标努力。平常的一些作业，他允许学生自己决定是否需要做。考虑到孩子们学习辛苦，他允许学生带酸奶、面包、水果在教室里吃。男孩子惹了麻烦，他也不发火。他的板书特别漂亮，有嘉初三时的书写比初一进步很大，就是受了这位班主任的影响。他一开始带的班并不出色，但到了初三毕业时成为学校最好的班。

问：有嘉对未来有自己的奋斗目标，学习是怎样变成她自主自觉的行动的？女孩选择读物理专业的不多，有嘉是怎么喜欢上物理的？

嘉妈：作为父母，我们一路挤过高考的独木桥，也在职场打拼多年，深刻体会到学习的辛苦、生活的不易，所以对女儿并没有成名成家的期望，从小希望她健康、快乐、心胸开阔，能坦然面对生活中的各种坎坷。因此，更多的是培养她的意志和适应能力。实际上，孩子一旦有了正确的价值观，学习就会变成一件自主自觉的行动，家长就不需要操心了。

在孩子成长的过程中，我们以肯定孩子、表扬和鼓励为主。小时候她相对内向、胆小一些，我们注意让她多表达自己的观点，追逐自己的梦想。她的梦想先后有运动员、宇航员、考古学家、物理学家，都不是我理想中女孩子的样子，但我都会维护和支持她的梦想。

有嘉三四岁的时候，时常在报纸、电视上看到有关刘翔、姚明的报道，她把他们当成偶像，挂在嘴上说："将来我要长得和姚明一样高，跑得和刘翔一样快。"她平时积极参与各项运动，经常挽起袖子，让大人摸摸她的肱二头肌是否又硬了些。

一次吃饭的时候，上的都是有嘉不喜欢的菜，她问："刘翔喜欢吃吗？"

我说："运动员要营养全面，都会吃一些。"有嘉便表现出很勇敢的样子："虽然不太好吃，我还是要吃一点，这样才能长得壮。"榜样的力量真是大！有嘉从小养成了不挑食、热爱运动的习惯。

2008年北京举办奥运会时，有嘉也很兴奋，家里到处是五个福娃的贴画，我专门买了世界地图挂上，随时给她讲各种赛事信息，在地图上查找正在参赛的国家在哪里，了解这些国家有什么特点。有嘉印象最深的是俄罗斯，后来还一心想跟一位俄罗斯钢琴老师学弹琴。

周末，有嘉会举着鲜红的国旗、脸上贴着小五星走上街头，兴致勃勃地参与各种庆祝活动，为获得金牌的运动员欢呼，也期望自己将来能成为一名运动员站在高高的领奖台上。印象中那一年的举重项目很出彩，冠军多、气势大，对她影响很大。

一个夏天的晚上，我们在海边放孔明灯，有嘉的情绪突然变得很悲伤，说："我希望自己能够像只小鸟一样自由地在天空中快乐飞翔，可是这个愿望是不可能实现的。"我拉着她的手，漫步在沙滩上，告诉她："人是很聪明的，发明了各种方式探索大自然的奥秘。在天空中自由飞翔的方式也有很多种，比如宇航员能够借助科学的力量飞上广阔的太空，还可以去探索其他星球。"有嘉情绪马上好转了，开始梦想自己长大后成为一名宇航员，从此特别关注与航天有关的信息。当时正值"神舟七号"完成空间出舱活动，幼儿园老师带领孩子们了解相关知识。有嘉对宇航员特别崇拜，了解了对宇航员的身体条件要求特别高后，更注意锻炼身体，同时非常注意保护牙齿，不让身体受伤，唯恐以后自己不符合当宇航员的条件。

有嘉上小学时，我们自驾去河南游玩，第一站参观安阳甲骨文博物馆，讲解员从"一片甲骨惊天下"开篇，有嘉听得很痴迷。从安阳到开封，又到洛阳，古中原文化的遗迹随处可见，深深地吸引了我们，一路上好多景点是古墓大坑，展示着各种很多年前被埋葬的物品。有嘉一直紧随讲解员，唯恐落下一句话。之前出游多以游乐场、自然景点为主，这次河南古文化之旅打开了有嘉的视野，回来后她坚定地跟我说："妈妈，我长大后想当考古学家，你帮忙找点有关甲骨文的资料我学习一下吧。"我随意一点头说"好啊"，没当回事。但是，从此以后有嘉只要看到电视上有考古类的节目就会很痴迷，有段时间晚上10点多后有关于马王堆考古的系列报道，有嘉天天一个人守在电视机前津津有味地看完。她时常和我聊起看的节目内容和考古理想，按我们一直秉持的开放式育娃理念，不能对她打击和反对，但我这时满脑子里出现的场景是荒郊野外、月黑风高、古墓坟场、搬石挖土、风餐露宿、阴暗潮湿……只能祈祷将来考古只是有嘉的业余爱好而不是她长期的职业。

自此，每年的几次旅行都离不开古迹，特别是柬埔寨之旅和埃及之旅，有嘉受到很大的震撼。丰富的课外阅读、历史课堂上精彩的讲解与她的旅程相互印证，进一步促进有嘉对历史文化的热爱，我的心态却是微妙的。直到后来有嘉爱上物理，才解除了我对她热衷考古学的五味杂陈，转而是对她选择物理的惆怅。

有嘉上小学高年级时，在一次长途自驾游中，为了打发时间，听了一个有关物理科学的科普节目，使她对物理及物理学家的故事产生了浓厚的兴趣。但是在考试成绩上，物理并没有显出是有嘉的强项。她的语文非常好，曾获得全国中学生创新作文大赛总决赛一等奖，她的生物知识很丰富，曾获得爱德思生物考试中国最高分。有嘉也很喜欢音乐，6岁时坚定地要学钢琴，我打听到一位非常好的钢琴老师。这位老师不轻易收学生，在我的请求下收下了有嘉。她一次课只有半个小时，但学的内容是别的老师一小时课的三倍以上，而且保证孩子学会，效率特别高。她说话很严厉，其他家长、孩子都怕她，但有嘉特别喜欢她。一般学钢琴每天要练一个小时，但有嘉不反复地练，也不奔着考级练琴，每天只练二三十分钟，保持了学习的兴趣，跟这位老师学了四年。老师很喜欢有嘉，还给有嘉开了钢琴演奏会，甚至想让有嘉走专业路线。但是，初三讨论留学专业时，她认为自己最喜欢的是物理。她崇拜居里夫人等物理学家，觉得物理学广博、深奥，值得探索，物理学能造福社会。我们认为这个专业不适合女孩学习，极力推荐她考虑生物专业。最终申请学校时，还是尊重她的意见选择了物理。

问：总的来看有嘉是很让您省心的孩子，她从小就是乖孩子吗？是否有您难以应对的状况？

嘉妈：每个孩子在折磨老母亲的路上都有 N 种用不尽的办法，对母亲来说，自己的孩子是最难缠的那一个。例如，有嘉初学钢琴时，我告诉她某个音弹错了，但是她坚持用自己的错误方法练习了一周，直到下次上课时老师指出来才肯改正；一年级时写数字 8，她是反下笔、反开口的，我告诉她写反了，但她坚持说老师就是这样要求的，直到小学快毕业时一次期末考试因此扣了分，她才改正过来。类似的情况数不胜数。大多数家长面对这样的"熊孩子"估计得大战三百回合了。我也曾经多次严厉指正或批评，大多数时候不奏效，而且我说一句，娃跟三句，我火冒三尺，娃的脾气至少一丈，甚至直接宣布"罢工"，导致我"五脏俱伤"。为了自己的"五脏六腑"，大多数时候我只是指出错误的地方，尽量不强求、不发火，告诉自己没有什么大不了的事，就算娃不听天也塌不下来，娃的未来还是由娃自己负责吧。

不管面对什么样的"熊孩子",针锋相对、非得说服、要求立马改正,大多是两败俱伤、于事无补。我的原则是既然惹不起、伤不起、收不了场,不如不引发战争,过后再一点点讲道理可能会更好一些。想一想,如果孩子没有脾气,我们可能又会苦恼孩子没有个性,无数个错误正是孩子成长路上不可少的经验积累。

初一有一次快考数学,我顺手抽出两道课堂上做过的压轴题,盖上答案,让有嘉复述一下解题思路,结果她写写画画了十分钟也没理出正确答案。她眉头紧锁,自语道:"上课都听懂了啊,题目我也自己做出来了啊,怎么都忘记了呢?"这种时候,我一般赶紧找个理由走开,以免"惹火烧身"。

进入初中以后,有嘉明显心思多了,也更坚持自己的意见,纵使有错误,不撞南墙也不会回头。我也曾几番与孩子斗智斗勇、正面冲突,谁也不妥协,浪费了时间和精力,什么问题也解决不了。最后我只好睁一只眼闭一只眼少操心。现在回想起来,这样于娃于己其实都有很多好处。

青春期的孩子自尊心迅速增强,如果像上面的情况那样,我发现考试临近,她理所当然应该会的压轴题还不会,我变得焦虑、唠叨,甚至借题发挥,扯出一直积压在心底的她在英语、语文、地理、历史等方面的某些短板,对她争分夺秒玩手机的不满等问题,估计会即刻引发一场大战,她甩手什么也不干了,并会把原因归结为:1.老师没讲明白;2.家长在旁边叨扰了她解题思路;3.父母玩手机产生不良影响;4.遗传基因不佳等。我则会胸闷气短,三天恢复不了元气。

其实,在孩子发现自己很有把握的题目竟然解不出来的时候,她已经很懊恼了，也想有个出口发泄。这时候，大人及时退出，把尊严留给了孩子，她还能重整旗鼓，找回主动权，好像什么都没有发生过一样。当然，点到即止的度不太好找，需要家长"身经百战"后及时总结分析，准确把握。自家的孩子只有自己最懂，别人谁也帮不了忙。

孩子是大人的"复印件"，很多孩子出现问题，是不是因为父母缺席了太多与孩子共进晚餐和共同探讨人生、亲子共读、共同探索大自然的时光？大多数问题的根源不在于孩子，而在于为人父母的我们缺失了很多功课。当我们自己的功课还没补好的时候，面对"熊孩子"，还是避开正面战争为妙，至少退一步不败不伤。

走近青春期的孩子，可以试着从每一天的晚饭开始。很久前听说过这样一个词"family time"（家庭时光），一般是晚上 7 点—9 点，一家人一起吃晚餐和交流思想。这是一天中难得的相聚时光，我总是会多做几个菜，多备一点水果、零食。分享美食是大家永远不变的共同爱好，即使是简单的食物，一家人一起品尝、一起评论也会变得更美味。大家都安下心来享受片刻的安宁，有嘉会讲讲在学校里一天的见闻，主要是同学在课堂上有意或无意出现的各种笑话，我们笑她："天天上学就和去看电影一样。"时间久了，我们对有嘉班里很多同学的脾气、性格、成绩竟然都了解了，所以她让我帮忙写她学校的一些材料时，我不用问就可以描述出来，就像是写自己的朋友一样。

我们也会和有嘉讨论各种社会现象、热点，想到哪说哪，没有什么定式，大家一起感慨、吐槽，长时间下来，孩子对国内外大事也了如指掌，很热烈地参与讨论。我们也会一起讨论自己的偶像、未来的规划，相互推荐喜欢的小说。当然，有嘉推荐给我的《人类简史》《三体》等很多书，我都只看了开头，没有兴趣看下去，中国历史类的小说却是我们共同的爱好，可以一起听、一起看、一起讨论刘邦、朱元璋……

周围很多家长觉得上了中学的孩子不愿意和父母交流，更听不进家长的说教。在这方面，我们的苦恼较少，虽然也有代沟存在，但与孩子的沟通还算顺畅。初中以后，孩子在学校的时间长，作业又比较多，我们交流最多的时候应该就是晚餐时间了。每天一定要留出时间和孩子交流，时间长了，才能彼此沟通，如果十天半月才想起来问问孩子最近怎么样，换作我们，也会不知道如何回答，就算说起某个具体事项，家长能切身体会孩子的情感吗？

有嘉上初中时，每次学校开家长会后，家长们聚在一起热聊，总会有家长说：孩子初中以后就很叛逆，不让进他的房间，不让管他的作业，所以无法知道孩子想什么、学得怎么样。但是我家孩子的表现是相反的，她的房门从来不关，喜欢我坐在旁边，东一句西一句地和她闲扯。当然，如果我坐在她旁边看手机，上网购物，这是她不喜欢的，经常教育我要多读书。

其实回想一下，孩子愿意让我守在她旁边的原因是我能给她实实在在的帮助，节省了她很多时间。每天我会把班级群里老师要求做的作业提前打印出来放在她的书桌上，晚饭后会问问："有能帮忙做的事吗？"作业打印、装订、抄写题目、查找资料很多活我都主动承担了。那活挺烦琐的，占用很多时间但与学习掌握知识无关。再加上我每 50 分钟要提供一次水果、零食等，经常感觉一晚上很忙碌，连刷手机的空都没有，也很能体会孩子的辛苦。

在有嘉写作业时，经常会出现爸爸妈妈帮着做辅助工作的场景。她这个时候会觉得一家人都参与忙活，写作业是一件很有趣的事，我们能理解她的辛苦，也都很认真地帮助她。虽然有嘉一直觉得学习是她自己的事，是在为自己的未来努力并兴趣浓厚，但能得到父母的理解和支持她也很高兴。

有嘉从小写作业的效率很高，又有父母的帮助，所以她的时间就显得充裕，小学时周末白天时间全部用来游山玩水或穿梭于老街巷，不错过任何花季，护城河哪里种了什么树、哪里新栽了花，商业步行街哪家店关了、哪家店是新开的她都了如指掌。即使在上初三期间，依然有时间写完作业后看半个小时的课外书，并保持晚上 10 点半上床睡觉的作息习惯。还差一个月就要中考了，她书包里还背着沈从文的《边城》、中英双语版的《论语》。因为作业不是生活的唯一，她一直保持着对学习的兴趣。

家长如果能提供一些实实在在的帮助给孩子，节省出一些时间让孩子做自己喜欢的事，或者主动复习自己不会的功课，哪怕可以让孩子早睡半个小时，孩子也会减轻很多压力，提高一些学习的兴趣。我觉得孩子排斥家长，主要是因为孩子觉得家长所谓的关心都是一些无关痛痒的大路话，根本没什么实质意义，甚至还不如学校的老师了解自己，真心关心自己。

开始时，如果孩子排斥父母的帮助或父母不知从哪里下手，可以每天关注班级群，提前帮孩子打印好作业，然后帮孩子抄写一周各科目的错题，再帮孩子把大量的试卷分科目分类、整齐地夹在一起。仅仅用心做完这些，就大体了解了孩子正在学习什么、常出现哪些错误，再需要做点什么了。和孩子聊天时就不会只说："怎么又没考好？""怎么又没用心学习？"而是可以说："二次函数的题目真是挺难的，我帮你把错了的题抄下来再做做吧。""找了几个七选五的题目，抽空再练习一下吧。"几个回合下来，孩子嘴上不说，心里也会明白家长是真心关注自己，也能真正帮助自己，距离就会慢慢拉近。

问：有嘉是个学霸，但也多才多艺、爱好广泛。您认为对孩子来说，最重要的是在哪些方面进行培养？

嘉妈：现在不少年轻人自己不会做饭，不点外卖就吃泡面饼干，前段时间有一个年轻人自曝为了做饭接连烧坏了两个锅，独立生活能力差，暴露了教育的缺失。

我认为对孩子来说，最重要的是生活能力、身体素质、心态的培养，这些比学业更重要。学龄前，我们给有嘉选择了一家提倡蒙氏教育的幼儿园。在幼儿园，有嘉学会了自己下面条、烙饼、炒鸡蛋。她在幼儿园里玩得很高兴，经常在外面跑跑跳跳，而不是坐在教室里看光盘，回家后地板上、床上都是衣服里漏出来的沙子，我们并不在意，身体健康比啥都重要。由于户外活动多，有嘉很少生病。

崇尚自然教育的卢梭曾经在《爱弥儿》里说，教育最大的秘诀是使身体锻炼与思想锻炼互相调剂。小学、初中阶段，在周围孩子奔波于辅导班的时候，我们充分利用每个晚上、周末、节假日，穿梭于大街小巷、山间郊野，爬树、摸鱼、捉知了、摔泥巴、荒野露营，每天玩到又累又饿又困才依依不舍地回家。嘉爸爱研究生物，去爬山的时候，他会随时给有嘉讲山上的这棵植物是什么，那个虫子有什么习性，因此有嘉在玩乐中就掌握了不少生物学知识。

整个小学阶段的周末，有嘉都是利用边角时间完成作业，白天时光都在游乐，没有一个周末是全天在家写作业的。她周末从不睡懒觉，睁眼第一句话就是："今天去哪玩啊？"天生胆小的女儿在游玩中渐渐能够判断安全性，大胆地爬高、骑马、玩滑索，变得越来越坚毅勇敢。喜欢运动的孩子也相对心胸开阔，反应更敏捷。

上初中前，有嘉每晚和周末都出去运动。家里备了篮球、足球、排球、乒乓球、网球、羽毛球、滑板、各种跳绳……孩子们能玩的运动器材基本都有，不管是风雪交加还是刮风下雨，都挡不住我们运动的脚步。穿着雨鞋打着小伞在外面散步、雨中游公园、顶着满头雪花玩抓人游戏……这些都是常有的事，孩子也觉得有趣，这些真实的场景和感受是在书本中体验不到的。初中、高中学习时间紧了，但周末还是尽量抽出时间进行运动，以保持体能，放松大脑，排解情绪，更好地促进学习。

有嘉放寒暑假的时候，我们总是带着她踏上旅途。在路上，各种意想不到的情况随时出现：错过班车，因台风登陆航班取消，景点临时关闭，订不上酒店餐馆，与导游走散，难吃的团餐，站在路边风口吃温水泡不开的方便面，五分钟的游乐项目要排队等四五个小时，从泰国回来后刚去过的四面佛景点发生爆炸，埃及返程时刚刚离开的景点出现危险情况……经历过种种意外和不顺，有嘉养成了提前做好心理准备应对困难的心态。有一次她独自在家，发生了地震，她紧张而不慌乱地在准备好应急包，找地方躲避，应对措施很专业。她出门时包里总会放上一本书，以备在遇到排队等情况时安心看书、耐心等待。

这些磨炼也在很多关键时刻发挥了作用，在埃及旅游时因水土不服，初到的两三天我们很少吃东西，我对有嘉打趣说全靠意念和美景支撑了下来。有嘉初三参加高中推荐生考试时，正好感冒发烧，她坚持完成了笔试和面试，成功"上岸"；第一个 A-Level 大考季开始不久，有一次她错过了去考场的班车，在奔跑中又得了重感冒；在接到剑桥面试通知后才知道除了物理面试还有一场化学面试，当时化学课程才学了不到一半；线上面试时到了规定的时间还没看到老师，担心是否自己操作有误，这是从小很少接受口语培训的有嘉第一次与外方老师交流，很担心老师听不懂，考完后感觉虽然题目回答不理想，交流还比较愉快，最终过关；参加一个小时的帝国理工大学笔试时网络出现故障，耽误了四十分钟；计划好的雅思考试因为疫情一次又一次取消……面对种种困难，经历过不少波折的有嘉事前、事后都没有抱怨、后悔，而是尽最大努力去争取、挽救，坦然接受可能出现的结果。人生会有各种起伏，这些磨炼增强了孩子的承受力，能够在或顺利或糟糕的每一次际遇中汲取成长的力量。

总体来说，我们注意培养有嘉从小多运动、多读书、多思考，形成属于自己的思想；不论是小学还是中学，不把成绩放在第一位，培养她专注力，提高效率，多总结反思，形成适合自己的学习方法；从言行上引导她关注时事，富有同情心和爱心，不在意一时得失。

妈妈和女儿,彼此的"天才女友"

家长经验帖：

在孩子的童年时代鼓励并积极创造条件培养其热爱运动，习得勇气、坚持、信心等品质，对于孩子一生的价值并不比学富五车低。

温馨健康的母女关系，也可以是唇枪舌剑、斗智斗勇、调侃互嘲等非传统方式，成为彼此的"天才女友"。

充分利用视听等多媒体手段，丰富博杂的阅读，吸收接纳不拘一格的观点、内容，有助于建立包容的批判性思维。

孩子细碎的缺点需要警觉并及时加以纠正，但怎样既达到纠错的效果又不至于用力过猛？做家长的也需要不断反思。

孩子短暂的困窘、失利只是激昂的奏鸣曲中缓下来的乐章，家长要保持足够的淡定与耐心，给予疏导和抚慰，不乱方寸。

面对依时不常从遥远的欧洲发回来的信息，满溢理想、追求和热情，依妈仍然记得五年前她因为依高考失利与梦校失之交臂的沮丧，那时她完全不敢想象依有一天能走得那么远，在阿尔卑斯山脚下求学、游历，留下她奋斗的身影和青春明媚的笑容。

燠热的夏日，意大利维罗纳古城，人们对音乐的热情和天气的火热难分伯仲，老城的每块石缝里似乎都回荡着歌剧的美声。古城拥有建于公元一世纪的阿莱那圆形剧场，是迄今为止依然保存完整的世界第三大竞技场。1913年夏天，为了纪念歌剧大师威尔第100周年诞辰，在阿莱那圆形剧场举办了第一个音乐节，上演威尔第的经典作品《阿依达》，令观众大为倾倒，叹为观止。此后的一百多年，除了两次世界大战期间中断外，每年6—9月间维罗纳都会举办盛大的歌剧节，全球的歌剧、音乐爱好者们趋之若鹜，不远千里奔赴此地一睹为快。

如果说这一切还不足以道尽维罗纳的浪漫，那么还可以抛出一个重磅人物——莎士比亚，莎翁将《罗密欧与朱丽叶》的爱情故事背景设置在这个风景如画的古城。

2022年夏天，维罗纳音乐节照例如火如荼拉开帷幕。在这场盛大的歌剧节里有一个年轻女孩的身影，她来自中国南方的一座海滨城市。她抑制不住激动地告诉妈妈，白天，徜徉在这座拥有50多座不同时代风格的教堂、宫殿、城堡的古老城市；暮色四合，古罗马竞技场露天剧场，世界著名歌剧演员正式登场，灯光暗下，座无虚席的圆形剧场，6万多观众们不约而同打开手机电筒，星星点点如萤火虫般一闪一闪的光亮，与蓝色苍穹中的群星交相辉映，浑然一体。她选听了两场经典歌剧——威尔第的《茶花女》和普契尼的《图兰朵》。女孩说当浑厚的男高音咏叹调《今夜无人入眠》和充满东方元素的《茉莉花》曲调响起，回荡在有2000多年历史的圆形剧场，其独特的石质结构，让声音的传递和回响、收拢效果"此曲只应天上有"，震撼二字已不足以形容其艺术魅力，恍兮惚兮，不知今夕何夕。

　　这个女孩就是依，目前就读于苏黎世联邦理工学院。

　　以下根据依妈的讲述整理——

热爱运动的酷女孩度过自由的童年

　　妈妈们都有把"小棉袄"打扮成芭比娃娃的爱好，各式各样的公主裙、蕾丝裙，蓝白黄粉，琳琅满目充斥依的衣橱。偏偏依一点也不买账——不爱穿裙子。其实无关审美，全因便利——为了上房揭瓦，下河捞鱼，裙子是她纵情运动的束缚。因此，各种裤装是依的不二选择，一年四季，长裤、短裤、七分裤……依是运动场上风一样的女孩，童年的重头戏是从轮滑进阶到滑板。20世纪90年代花滑选手申雪、赵宏博冬奥夺冠，声名大噪，他们在冰上行云流水如天鹅般自由翩跹起舞，成为依童年的偶像。一个个华灯璀璨的夜晚，依都是汗流浃背在轮滑场上度过。后来她又把热情倾注给了滑板，痴迷过各种滑板——长板、双翘板、火龙板。这种从海上冲浪运动演化而来的陆地运动，因不受地理和气候条件的限制，适应性和可操作性都更强。只要戴上头盔、护腕、护肘、护膝，飒爽英姿即刻附体，小区的一片空地，街头的一角，或是斜坡、公园，都可以一展身手。滑板运动中突破身体的束缚，不拘泥于固定模式，因势利导，自由发挥想象力，随机应变创造动作，挑战各种花样和难度，体验与创造超重力的感受，是这项运动的魅力所在。运动带来的惊险、刺激又蕴含着自由、潇洒，让小小年纪的依快乐得飞起。依妈的无缝配合就是不断地给依升级换代运动器具，并接送、陪伴她辗转各运动场，当然还有鼓掌加油。

很自然勾勒出这样的画面，在依生活的那座有着"海上花园"美誉的城市，四季鲜花盛开，红的、粉的、白的三角梅，鞭炮一样炸开的凌霄花，火红的木棉，在流年里次第登场，装点着每条街巷，盘根错节的百年榕树，垂下长长的胡须，阅尽人间百态。碧海长天下，一个小女孩享受着腾越、转体、空翻、滑动、平衡……

依的父母特别鼓励孩子热爱运动、纵情运动，粗粝、莽撞却葆有可贵的蓬勃生命力，以达到"文明其精神，野蛮其体魄"是依童年的主旋律。运动中习得的勇气、坚持、信心等品质，对于孩子一生的价值并不比学富五车低。

俄罗斯女诗人阿赫玛托娃曾说"野蜜有自由的香气",孩子的自由和天性是不应该被捆绑、束缚的。

不报班"偷来"的时间里,大量阅读、观影,丰富、滋养了精神世界

依的童年,父母没有要她赢在起跑线上的紧迫感。但一张一弛,文武之道,运动场上疯够了的小丫头,也可以快速切换到另一个频道。

千禧年到来前出生的依,文学的启蒙是听磁带,风靡当时的孙敬修爷爷、鞠萍姐姐讲故事陪伴了她的幼年时光。依妈不仅要操持家务,而且是要在料理家务中得到乐趣和讲究品质的妈妈。依妈做得一手好菜,煎炒烹炸荤素样样拿手。显然,这会花去依妈不少时间。她忙于家务时,小人儿就自己盘腿坐在床上听磁带,一面听完了,奶声奶气叫一声:"妈妈进来,换一面。"

童趣盎然又充满哲思的绘本当然是孩子成长的好伙伴,母女共读也是建立温馨甜蜜情感的方式。但纯粹让孩子听故事情节吗?肯定不是!陪读的过程中要的是增加孩子的信息输入,培养孩子的思维能力。绘本只是工具、载体,是死的,而人是活的,如果只是通过讲述的方式把工具的内容展示出来,那岂不是自动降格为工具人了?买个故事机、点读笔不就够了,

费妈费爹干吗？讲述绘本的过程中用心跟孩子互动，最大程度地调动孩子的兴趣，提问、启发、思考、解答渐渐形成自己的思想观点才是共读的价值。

孩子们被各种辅导班捆绑是普遍现象。是让孩子"身在曹营心在汉"收效甚微，还是安排丰富的活动滋养她的心灵？依妈选择了后者。不报班的底气源于依妈自身接受的良好教育以及持续不断的精进，形成了一套独特又笃定的育儿理念。私下里依妈自己常嘀咕，为什么老是把孩子扔给别人教育呢，是不是有点不负责任啊？比如多数孩子怵头写作文，她认为只有足够多的阅读量，加上丰富多彩的生活内容，下笔才有活水汩汩而来。

"偷来"的时间更显宝贵甜蜜，只有把内容安排得丰富、有益、有趣方不辜负，也是另一种充电续航：读古诗、听音乐、看杂志、看动画片……

哪一个孩子不是在看动画片中长大的呢？动画片是陪伴孩子成长的礼物，或者说干脆就是孩子的另一种伙伴。针对童年的特性，依妈精选了适合孩子的情景剧和幽默诙谐的喜剧动画片，好多是英语片，哈哈大笑的同时，英语单词和句子不必刻意灌输，语感也在无形中渗透，不知不觉就在依脑子里生根发芽了。不要轻看仨瓜俩枣的积累，假以时日便蔚为可观。在玩乐中学习、点滴积累，是更高级的陪伴方式。考验家长的不只是用足了时间，更要在用心上下足功夫。

那些母女偎在一起看片的日子，既是孩子美好的童年时光，又何尝不是母亲难忘的温馨记忆？如今聊起来依妈还如数家珍般脱口而出说了几十部。经典永不朽，这些片单不仅仍然适合现在的孩子看，大人都颇有重温的欲望，沉浸在动画片里的时光，是对童年的回望，也是忙碌生活的润滑剂。

实在难以割舍那些经典的作品，就列出一些来分享吧，而这不过是母女一起看过的极少的一部分。

《新灵犬莱西》，以忠犬万里回家的经历为故事主线，表现人和动物之间的深厚情谊，片中角色丰富的心理活动温馨感人。

《鼠来宝》走"真人＋三维动画"的制作路线，想象奇特，状况频出，突破常规。

《外星神犬》放下成人身段，俯下身子以孩子的视角构思的动画片，狂放怪诞的思路往往最被孩子喜爱，不由自主就俘虏了孩子，因为孩子尚未被教化扭曲。

《大丹麦狗马默杜克》1954年就诞生了，在报纸上连载了几十年，真是爷爷级了啊，狗子马默杜克是美国家喻户晓的动画形象，有专栏作者甚至这样点评："马默杜克应该有自己的投票权。"漫画中的这条大丹犬并不是纯粹的狗，它身上体现了诸多人类的特征和情感，是人类社会的映射，又与人类社会剥离。

《千与千寻》《小猪宝贝》《丛林大反攻》《怪物公司》《虫虫危机》《玩具总动员》《小蚁雄兵》《狮子王》……不胜枚举。这些经典的动画片，有的内容感人，一个简单的故事，却能唤起人们心里最美好的情感，让人们看到打动人心的经历和力量。有的以简单风趣的桥段调侃了成人世界，把成年人虚伪的面具一把揭下，还给干净纯真的孩子可贵的赤子之心！有的男主角善良、诚实、聪明、爱玩，可又满脑子的鬼点子，总想着如何驾驭充满冒险的生活，如何巧妙逃脱常规的沉闷。有的导演阵容强大，他们最知道孩子们喜欢看讲自己世界的故事，电子游戏、卡通、幻想的形象多元素组合，使之魅力大增。能持续拍续集的叫好叫座的动画片，其生命力不言而喻。

还有的配音传神、配乐经典，赋予一部动画片灵魂与生命。

很容易发现这些动画片的共同特点：突破常规的构思，在现实和想象中自由穿梭驰骋，风趣可爱的人物或动物形象，生动夸张的表演，滑稽逗趣又富含哲理的对话，堪称彩色幽默，孩子们像是闯进了五彩的糖果店，只有笑得东倒西歪，没有一丝阴影。而坚强、勇敢、友爱、责任、担当、互助、分享那些既基本又关乎一生都应该坚守的品格，也在一帧帧的画幅中潜移默化地渗透孩子的成长。

偶尔也会产生"副作用"，狗常常是动画片的主角，母女俩看过、笑过、感动过后，依特别想拥有一只狗的愿望就更强烈了。养宠物是个需要认真讨论解决的问题，轻度洁癖的依妈做了妥协，给依买了对仓鼠，新成员进家那天依欢快地给它们取了名：smile（girl），lucky（boy），娘俩一起上网查仓鼠的养育要点。依妈心里藏着小秘密，依爱心意识似乎还不太强，不太会关心体贴别人，看问题有点单一，养养宠物或许有帮助？

周末上网玩会儿游戏是名正言顺的，脑细胞高度活跃的依显然对点几下鼠标没有可创新性操作的游戏兴趣寥寥，依妈暗喜。能启发孩子思考和创新的益智游戏，大可不必视为洪水猛兽，上网略微超时，睁一只眼闭一只眼保持弹性更合理。

看着小区里的孩子们奔波于这个兴趣班那个辅导班，依妈心里多少也曾有过不安，怕误了依的教育，可是依的作文让依妈释然了。视角独特，选材丰富，语言活泼，憨萌可掬，每每被老师圈圈点点。如果只有从一个教室到一个教室的童年，生动从何而来？

母女相处的画风是斗智斗勇,成为彼此的"天才女友"

或许是天生的性格,或许是宽松的环境和丰厚的土壤,不知道从哪一天开始,依不是个只会对妈妈言听计从的乖乖女了,她越来越有自己独立的思想,不仅在语言表达上振振有词,关键是逻辑还颇能自洽。母女相处的画风可不是惯常的温柔与乖巧,娘俩虽然其乐融融,但不是常规家庭的妈妈摆事实讲道理,孩子心悦诚服地听从,而是斗智斗勇,你来我往。娘俩简直就是段子手,日常对话就是脱口秀、奇葩说,金句迭出,段位高下难分,各领风骚,彼此早就不拘囿于见招拆招。妈妈暗藏机锋、化骨绵掌;依人小鬼大、毫不示弱,时而出奇制胜。

记者出身的依妈不定期做了记录,童年去远,童趣依然得以原汁原味呈现。隔了十几年的光阴往回看,母女俩的唇枪舌剑活灵活现,令人捧腹。在这些细碎的痕迹里,品咂母女如何成为对方的"天才女友",其中蕴含着值得为人父母借鉴、深思如何尊重、引导孩子成长的智慧。

粗心的顽敌怎么破?(母女俩的一次嘴仗)

下午放学,依垂头丧气的,妈妈一下就猜到了:

"是不是又考得很烂?"

"是，数学才95。"

"又是陈××考100分吧，4班的戴××又是100吧？"

"你怎么知道的？戴××可太强了，今天曹老师把她的考卷给我们班传阅。"

"哎，太牛了，上次曹老师就一直表扬她，基本上都是100分呢，没失手过。"（重点：妈妈故做夸张的佩服状）

"你就很想让她当你女儿是吧？哼，人家也看不上你！"

没想到妈妈的演技没起到激励作用，适得其反。

"我替你佩服一下也不行？我又没说要她当我女儿，长得不像我和你爸有什么意思！我的意思是我也没要求别的啥，就求你给我一点点星妈的感觉，看在以前我半夜起来给你泡牛奶、抱你撒尿的份上，行不？"

"也没烂到哪里去嘛，你自己说的95以上，还在线上啦，再说是因为粗心嘛！"

"拜托你能不能不跟粗心交朋友啊？她怎么老这么死皮赖脸地缠着你啊？"

"粗心她就是我的闺蜜，交了这么多年的朋友，我也舍不得抛弃她嘛！"（这孩子就是嘴硬，真是死猪不怕开水烫啊）

"什么闺蜜啊？！我看她花心得很，跟很多人是多年的好朋友啊！你试试跟细心交朋友不好吗？算我求你啦，看在以前我半夜起来……"

"哎呀！烦啊！我下次不粗心了，行了吧？！"

尽管依无数次地食言这同一句话，依妈还是愿意听到这句美丽的谎言。依妈自我感觉这次嘴仗还是占了上风，诡异地偷笑，然后不动声色地把剩下的教育说完……

懵懂又神秘的"早恋"怎么聊？

晚饭后依喜欢偎在妈妈怀里撒娇，让妈妈捏捏胳膊揉揉腿，为了让妈妈给她多做几分钟"马杀鸡"，常常主动告诉妈妈一个学校里的八卦（关于妈妈对学校和同学种种情况的好奇，依早已给妈妈下了定论：是个非常喜欢探听别人隐私的人。由此可见妈妈肯定总是想方设法、死磨硬泡地从她嘴里套出一些学校动态）。

依：我跟你说，我们六年级出现了"跨班恋"（情境介绍：依曾被妈妈套出的情况是，班级里出现了两对比较靠谱的恋人，所谓比较靠谱，按依的意思是，男女生双方相互喜欢，单恋、暗恋、多角恋都不算），你知道吗？四班的徐××喜欢上了我们班的高××。

妈妈淡定接话：高××不是叶子的绯闻男友吗？

依不耐烦地答：哎呀，现在已经换人了啦！徐××跟我们班的叶子打听高××的电话号码和QQ号，长假结束后第一天上学，放学后她就赶紧跑到我们班来找高××，没找到，就问叶子，高××是不是出去旅游了？我元旦放假关注了三天都没找到他。等她走后，叶子就不屑地说，哼！高××肯定是躲着她，而且一上QQ就隐身！

妈妈满脸平淡：那要电话号码和QQ号也并不能说明就恋上了呀。

依非常笃定：可她是偷偷打听，而且不找别人就找高××。

妈妈故作羡慕：高××估计挺帅，或者学习挺好，或者某方面才能特别突出？

依：胖胖的，矮矮的，学习成绩一般，不过他好像对电脑挺精通的。

妈妈：那你喜欢什么样的男生呢？

依：要像×××，帅，非常聪明，很有素质的。

（妈妈心里窃笑：眼光好高啊，道行比妈妈深）妈妈：那在你们班或者别班有这样的人吗？

依：没找到！

探听校园生活花絮，充当孩子的"树洞"

孩子在学校里，会碰到一些交往的小插曲和无奈的事情，依妈善于充当依的"树洞"，让孩子倾诉自己的小烦恼。

依说，廖老师现在把学习成绩最差的那个男生（曾经和依、叶子、滔滔都同桌过）调去和玲坐同桌了。班会上老师说，只有玲不会接受贿赂，其他同学都会，这样很不好。妈妈问：那你和他同桌的时候都接受什么贿赂了？依有点得意地说：笔啊、橡皮啊、贴纸啊什么的。妈妈问：这么容易就被收买啦？那是不是做作业或考试的时候你让他抄答案？依答：不是啦！他很不爱学习嘛，也就是背课文、听写、互改作业啊什么的，帮他改正错误后再给他高一点的分，偶尔互改作业的时候我的错误也可以偷偷擦掉重写。妈妈诧异地：那你这不是害人害己吗？我要是早知道的话，也要向老师投诉。你们廖老师太厉害了吧，怎么就看出来你们被贿赂了？还好廖老师及时发现了，不然发展下去，你们害别人走上歪路那就要被全社会鄙视了（妈妈故意把话说得很严重）！依由刚才的得意转为不好意思了：以后不会了啦！不过我们也没害他，和玲同桌后他还是考最差。妈妈严肃地说：那是因为你们班热心帮助别人的人太少了。依急忙辩解：才不是呢，我们都花时间真心帮助他，廖老师说是他的家长太不重视了，开家长会都是缺席的。

妈妈还探听到的一些校园花絮（摘录依的原话）：

  曹老师最会抢课了，每次还堂而皇之地说，你们的体育老师出差了，那我跟他调课。屁，哪一次调过？都是被占用了。而且体育老师根本就没出差，我们上课前还看到他。（引用老师讲话时惟妙惟肖地模仿老师的语气！）

  Miss 洪有一次跟我们说，我这一页讲完就放学。结果她讲完一页，又重复一遍刚才的话；再讲完一页，再重复刚才的话。连着讲了三遍这种话，你看不讲诚信吧？（怎么很像一些领导讲话哈：下面我就讲三点内容……）

  我们全校同学都最讨厌期末了，除了语数英什么课都没了，还有综合和地方课程都是摆好看的，这学期一次都没上过。（怕被妈妈唠叨，依每次说讨厌学习之类的话都要冠以全校同学！）

依的雷言雷语（强词夺理还是善于自洽？）

  数学考了 88 分，依先下手为强，主动抢先并且语气很沉重地给妈妈打电话："我先给你打预防针，免得你回来后太生气吃不下饭。"等妈妈一打开家门又赶紧说："你就不要太严厉责骂我了，我已经很难受了，都是分数没化成最简给扣的，老师说了，要扣得多些才能让我长记性。而且我考的分数很吉利，88 不就是发发吗？那就表示你的股票马上要赚钱了。"

依拿出流动日记上又一篇老师加了"笑脸"以示表扬的作文说:"妈妈,你有没有发现一个规律,只要我写周末出去玩的,都能得笑脸,所以以后每个周末都应该出去考察大自然。"

在青春叛逆期之前,依妈强化沟通的小心思(狼来了之前做好防范)

依十岁半了,越来越有自己的思想,当妈的总担心着狼真的来了的那一天(青春期、叛逆、顶嘴、倔或者是封闭),于是想方设法保持每天和她的沟通顺畅,为此甚至不惜装疯卖傻。试拾几个片段:

妈妈总是煞有介事地对依说:让我们来搭建沟通心灵的桥梁吧,有时依假装很认真地在妈妈和她的心之间比画几下。"这么配合啊!"几欲让妈妈感激涕零,不想依开口便说:"你没发现我刚才砌的是一堵高墙吗?"

依正被一本小说迷住,为尽快把烦人的妈妈打发走,依只好讲一件学校的趣事、囧事来交换,如此妈妈才满意地离开,把安静的阅读时间还给她。

爸爸开完家长会回来,原封不动传达会议精神:"校长建议各位家长每天要拥抱自己的孩子,亲吻孩子,对孩子说我爱你……"依立刻鄙夷回击:"这个你也需要传达?你不知道我们家都已经做得太过火了?"妈妈却无比自豪:"看,我看问题的角度跟校长是一样的!我做的都比校长超前吧?"依很无奈:"校长肯定是说对低年级的学生要这样，爸爸没认真听。"

之所以用这么多的篇幅原文摘录母女对话，是因为很多家长没有意识到跟孩子对话的重要性，以及怎么跟孩子对话。太多父母习惯了居高临下要求令出则行，任由自己的焦躁情绪宣泄、逞口舌之快讥刺贬低孩子的父母也比比皆是。然而，柔软的舌头可以挑断人的筋骨，今天父母与孩子的沟通方式，会影响到孩子明天与世界的相处方式。可以看出，在依成长中，许多问题的沟通、是非的辨别、品格的培养，母女的方式是与众不同的。她们不是和风细雨、循循善诱、母慈女孝，而是藏在唇枪舌剑的你来我往中，这是对孩子自由心性的尊重，对孩子勇敢表达自我的鼓励；家长并不强行灌输，而是巧妙地旁敲侧击，提出一些问题、提供一些角度，激发孩子去思考，父母从旁观者的角度看到在这个过程中孩子一点点地丰富和成熟，其乐融融的母女关系要用智慧去经营。

小丫头片子麋鹿般的灵动，妈妈装傻弄痴下掩藏的老成持重，母女俩像是在玩猎人与狐狸的游戏，谁占上风，还真是扑朔迷离，角色常常互换。令人羡慕的是她们建立了一种互为"天才女友"的新型母女关系。

家长时常反思，不断调整与孩子相处的方式

当然，母女间的氛围不可能永远惠风和畅，依细碎的缺点需要警觉并及时加以纠正，以免千里之堤溃于蚁穴。可是应该怎么把握批评的分寸，既达到纠错的效果又不至于用力过猛，伤人太过？

依也有连续考得很差把妈妈气得七窍生烟的时候，毕竟依妈也不是隔世修炼的隐士，依妈也会劈头盖脸语气非常严厉地狠狠修理依一顿。依理亏又有点委屈，头都不大敢抬，全然没有了平日的生龙活虎，嗫嚅着说我就是粗心和计算能力差啊。依妈似乎被鞭子轻轻地抽了一下，一种钝痛从心底泛起。这下轮到依妈冷静了。

做家长的时常需要认真反思，是否批评孩子太多了，给孩子贴了太多的否定标签？会不会过度打击孩子的自信？家长在孩子面前很容易不自觉地就陷入急于求成、追求完美的陷阱，必须深刻意识到不能对孩子的错误轻易以决定性的言语否定，粗暴地打压，一旦孩子认为自己就这样了、没希望了，那多可怕啊！最糟糕的教育结果不就是孩子失去自信和上进心自暴自弃吗？心理学家有大量的数据表明，在讽刺和打压中长大的孩子，语言的冷暴力甚至会影响到孩子一生都活在自卑的阴影里。如果一心只求孩子成绩碾压别人就是成功，日久天长就会不自知地从一个温柔耐心的女人

变成一个恶狠狠的虎妈。曾有文章说，女人在养育孩子从小学到高中毕业这一阶段，面相往往会变得比较凶狠，与其少女阶段及孩子成人之后的面部表情大不同。有几个母亲会反省自己是否在对孩子的疾言厉色中变得目露凶光呢？同理，父亲也难免变成狼爸。

依妈说要给孩子宽松和快乐，尽力在现实和理想之间找到一个平衡，适当妥协。比如不逼孩子钢琴非要考级，但让孩子体会在坚持中收获弹琴之雅；温柔坚定地教育孩子现在是她的求学阶段，读书写作业就是必须完成的功课，尽力做好它，在知识的积累中寻找快乐。在不破坏基本原则的前提下家长做一些让步，偶尔吃点垃圾食品不至于有性命之忧，逛超市、看电影、上网等，让孩子的日子不至于绷得太紧而是充满小快乐。

不做虎妈狼爸，但也不放任自流，任何一种极端都是对孩子未来的不负责任，对孩子当下的戕害，在探索妥协中曲折地前行才是育儿本色。

二十多年前美国儿童发展研究学者就提出"直升机父母"一词，比喻高度管控的亲子关系里，孩子感觉父母像直升机一样盘旋在上空，时刻监视自己的一举一动。在《如何让孩子成年又成人》一书中，作者解释了当时的时代背景，对儿童安全意识和成就文化的增强——希望孩子更加卓越的观念，被越来越多的父母接受，也让父母越来越焦虑紧张，介入子女生活的程度不断加强。太阳底下没有新鲜事，同理，当下中国父母在对儿女的养育过程中又有多少人能给予孩子足够宽松的表达和选择？毫无疑问这些父母是深爱孩子的，然而另一方面对孩子的深度管控又有着惊人的相似：偷看日记、限制交友、没收手机……林林总总，在这样没有个人空间的亲子关系中长大，很多孩子不自信，甚至严重自卑，逐渐丧失独立的能力、进入亲密关系的能力、快乐的能力，需要在此后漫长的人生中逐渐修复自己，甚至未必能彻底痊愈。

依妈除了尽心尽责陪伴依运动、读书、看动画片，并没有满足于在舒适区待着，相反她也对自己提出了挑战，重新回到大学读MBA。那是一段辛苦又充满挑战，但特别充实丰盈的日子。上班、做家务、陪伴孩子压力已然不小，周末和晚上的许多时间要对付上课、思想激烈碰撞的小组讨论、完成高品质的论文。依妈说再次出发读MBA，既是自己的追求，也是给孩子做最好的榜样。依妈特别强调身教大于言传，热爱学习的氛围不是以家长的权威疾言厉色发号施令，最好的效果就是以身作则，让孩子看到妈妈始终对学习保持热爱，努力克服困难但也因此从中得到快乐，学习是终身的事情。

"轻舟已过万重山"，严峻的考验悄然潜伏

依小学四年级时一学期换了七个语文老师，频率之高虽然不至于和吉尼斯世界纪录扯上边，但也的确令人瞠目结舌，换了别的家长，怕是早急得上蹿下跳了；直到小学六年级，依所在班级的语文平均成绩还是年级垫底的。但因为笃定自成一套的教育理念，依妈不慌不乱，孩子漂亮的卷面成绩也很好地为妈妈的教育方式做了注脚，何况妈妈认为心智的成长远比卷面的分数更重要。

中考，家长和孩子们都倍感压力不亚于高考，依这个快乐成长的小女生却轻松斩获该市前十名，录取到人人向往的高中，且因其突出的数学成绩，被编入作为重点培养的竞赛班。然而就在大家都松了一口气，以为轻舟已过万重山，展望着高中学习生活的开启，严峻的考验悄然潜伏在暗中。

是的，成长从来都不是春笋般轻盈拔节，而是美与痛的共舞。依这样古灵精怪的小女孩，一帆风顺地成长岂不是太没有悬念，命运怎么能不给她一点颜色瞧瞧？幼儿园、小学、初中一路边学边玩过来，甚至可以说玩占据了她的大部分时间，高中三年，高强度的学习，铺天盖地的试卷，没完没了的真题集，频繁的考试排名，末位淘汰制降级到实验班，刻板的纪律，种种压力和束缚让这个自由成长的女孩喘不过气来。从小学到初中九年来依上学都是快乐的，如今却被一股强烈的厌学情绪笼罩，上学是她的别无选择。那一段时间，依妈让孩子周末去学声乐，不露痕迹地逗她："受过训练，就算在卡拉 ok 里唱流行歌曲也会更酷啊，不至于荒腔走板。"妈妈希望唱歌能释放她的压力和颓丧。

就这样，三年在无奈和疲于应付中度过，到了曲终落幕，"她把三年最差的一次理综考试成绩献给了高考！"时过境迁，依妈幽默地笑说。

依妈说依从小就显出很强的个性。上幼儿园的时候，做操，如果老师教的动作依不会做，她就干脆停下来站着不动，看着别的孩子热热闹闹地手舞足蹈，她必须自己彻底理解领会了，能把动作做出来了，才付诸行动，她不愿敷衍了事比画几下蒙混过关。

依既不很爱出风头也不会过于胆小拘谨，她心里其实有股韧劲。初中毕业典礼，需要一个同学担任钢琴伴奏，依并没有毛遂自荐，老师本也选定了另一个女生，不巧活动临近，那个女孩却因故不能担纲。任务落到依身上，依临危受命，不做则已，一旦接受了，就破釜沉舟，做到最好。依立刻联系当年的钢琴老师辅导，后来的半个多月，家里每天飘出的钢琴声会持续四个多小时，如此，赢得毕业典礼的精彩伴奏。事实上舞台上的伴奏不过几分钟，快还是慢半拍、一拍观众根本听不出来。

知女莫如母，妈妈说到这两件事，是想说明依是个善于自主学习的孩子，喜欢依从自己的节奏，严苛的整齐划一的安排恰恰会摧毁她的学习热情，结果不言自明。

"而今迈步从头越"，大学时代柳暗花明

命运常常是吊诡的，充满悖论。填报高考志愿，依将两类学科排除在外：计算机和化学。但最终被录取到环境科学专业，恰恰与有机化学、无机化学、分析化学等基础知识密不可分。入学前，母女谈话，妈妈只是提醒她新的一段人生又开启了，"而今迈步从头越"。十八岁了，她当像鸟飞往她的山。

人生有起落，高考失利，短暂的沮丧是肯定有的，不过看看依小鬼当家时就善用各种堂而皇之的理论为自己开脱，让人忍俊不禁又不得不服，能自洽的孩子大概率都不会轻易抑郁沉沦，良好的心态有利于克服一时的挫折，保持积极进取的动力。巴顿将军说过，衡量一个人成功的标志，不是看他登到顶峰的高度，而是看他跌落谷底的反弹能力。

生活总是埋伏着各种考验，成长就是一重重地翻越、受困与再次翻越，

经历点伤痛、低谷，甚至破碎再重塑，未必是坏事。如果根系强韧、不乱方寸，坚韧前行，终将枝繁叶茂，开出花来。孩子的成长不是搭积木，不是下面歪了上面就一定会歪，而是玩拼图，任何一个时段都可以重新开始。

入读大学，依具体是怎么学习的，依妈已经说不出子丑寅卯了，可以肯定的是，卸下高考的重压，依豁然开朗，从小建立起来的清晰的路径，善于学习的能力再次发力。换了一种心境，她发现高三时坚决排除在外的化学，既不枯燥也不难学。每取得一点成绩，就加增她一分信心，她发现自己其实蕴含着很大的能量，足以让她不断地向新的高峰攀登。

柳暗花明，大学时代又迎来了她的"艳阳天"。依一路开挂，屡屡夺魁，同学送她外号"系一"。大三那年，依以绝对优势获得全系唯一一个国家优选公派留学生名额，前往有着350多年历史的瑞典隆德大学深造。之后又被保送清华研究生。不过，依放弃了，她选择了一条更有挑战性的路，她想乘着年轻走得远一点，看得广一点。

因为人生是旷野，不是轨道。

依申请到了阿尔卑斯山下的苏黎世联邦理工学院，这所拥有欧洲大陆第一理工学院美誉的名校，培养过20多位诺贝尔奖得主，遍布政商学各界。更因爱因斯坦在这里求学了4年，并于1900年从这里走向世界而闻名。

依的人生犹如驶入快车道，全面提速，耳畔疾风呼啸，依却牢牢地把握住方向和平衡。不由得让人再次回忆起海岛的波涛声中，海天一色的湛蓝里，那个痴迷滑板的少年，风吹动她的发丝在鬓边飞扬，她仿佛驭风而行。

人的一生都在成长，赛道也很多，蓦然回首，一路泥泞一路辙，一路繁花一路歌。

谁说时间不等人？玫瑰的芬芳是在时间中酝酿成的。

把控大方向,静待"小宇宙"爆发

家长经验帖：

　　培养孩子如同驾驶汽车，父母的职责是适时微调方向盘以保证汽车在正确的道路上行驶。

　　建立孩子的安全感，主要包括在学校里的安全感和在家庭中的安全感。

　　精英学校和普通学校各有利弊，普通学校的孩子从小就接触到社会的复杂性，以后会更适应形形色色的情况。

　　每个孩子天性不同，父母要做的是对孩子的性格适当纠偏，中庸一些更好，有利于人生的平稳发展。

　　真正的强者会把人生当成游戏来打，弱者才会把游戏当作全部的人生。

把控大方向，静待"小宇宙"爆发

　　小邵小学和初中都在普通公立学校就读，学习成绩中游偏上。高中就读于某二线城市高中国际部时突然发力，成绩飙升，2020 年美本申请最终选择了就读 UCLA（加州大学洛杉矶分校）。大学阶段继续"狂飙"，大二结束时申请转学到了芝加哥大学，入读大学后小邵浑身更像是有使不完的劲，积极乐观向上，学业上不断开拓进取。小邵的"小宇宙"是怎么爆发的？他的父母如何看待他小学、初中的慢成长和高中、大学的快发展？我们访谈了把控孩子成长方向的邵爸。

　　邵爸理一个平头，身高中等偏上，肌肉紧实，没有多数中年男人的油腻感。很明显的辨识度是他常年喜欢穿运动品牌，从服装到鞋子。夫妻俩均在制药行业工作，自己开办中小型企业。

　　邵爸非常守时，预约的时间从未稍有差池，永远是略略提前一点到达。对朋友热心、仗义，重然诺。问他："这和你来自重情重义的梁山水泊有关吗？"他爽朗一笑，不紧不慢地回答："应该有吧。"

　　邵爸身上透出的不是纯粹的知识分子气息，他有商人的精明但又没有咄咄逼人的锐利，有狡黠里的天真，却又难以捕捉，倏尔远逝。他的讲述在访谈家长中是最幽默诙谐的，不仅因为他生动的语言，更因为他所说的事例以及不按常理出牌的套路。

问：面对孩子前面阶段的慢成长，您好像是不着急的心态，为何这样沉得住气？

邵爸：我儿子从小学到初中都不属于引人瞩目、遥遥领先的学霸，但是我从未有过焦虑，我 100% 地相信，人生是一场马拉松，一开始拼尽全力冲在前面的人，在长长的赛道上未必能夺得终点的冠军。这一方面源于我对基因的自信（说到这里，邵爸非常滑稽地做了个网络表情"狗头保命"），另一方面源于我自己的成长经历。

我小时候在黑龙江林甸长大，在那片肥沃的黑土地上，是壮阔而美丽的风景，辽阔的大地、山冈、森林无边无际，我的童年就是在山野上奔跑、呼啸来去，无忧无虑。大地的深厚、宁静，给了我最初的精神滋养。我七八岁就能套马，这对于如今被保护得密不透风的城市孩子是不可想象的。我需要帮父母干各种农活，和植物与土地亲密接触，即使是人到中年的现在，在都市里生活了几十年，我依然陶醉于翻起的泥土的气息、青草的根茎被割断后散发出来的淡淡的草腥味。

我读的小学全校只有六七个老师，低年级时班里语文、数学、音乐、体育、美术课程全由一个老师担任，这个老师不是别人，就是我爸爸。那时师资匮乏，老师都不是科班毕业，加上那年代还不知道何为"卷"，我享受到的是彻底的快乐教育，课堂氛围宽松到师生不分。"松松垮垮出人才""无用之用为大用"，这样的成长环境无意中支持了这些教育理念。有时候上课铃响过，我爸站上讲台，慢悠悠地问学生："今天同学们想上什么课啊？"大家一起嚷："体育，体育！"于是我爸就点头说："好，这节课就上体育！"孩子们便呼啦一下挤挤挨挨跑出教室，抱着一个篮球冲到操场，运球、三步上篮，也没有什么严格的章法，为的是在阳光下奔跑撒欢，每个孩子都是红扑扑的脸蛋汗津津的后背。又或者是孩子们高声喊道："音乐课！"我爸就摇身一变成了音乐老师，当然不会教简谱或是五线谱，因为老师自己也不懂！乡村小学别说没有钢琴伴奏，甚至连手风琴、口琴都是奢侈品。我爸就拣一首自己记忆里会唱的歌，他唱一句孩子们跟一句，不必担心是否五音不全，重要的是孩子们扯着嗓子喊得兴致盎然。唱的歌大抵是《我是一个兵》，或者是："公社是棵常春藤，社员都是藤上的瓜，瓜儿连着藤，藤儿牵着瓜……"

　　我自由自在地读完小学后，初中时回到了山东。山东学生勤勉刻苦，考分高是全国闻名的。我心里暗暗吃惊："坏了，山东的孩子怎么这么厉害！"文化课的难度让我望而却步，一路像野马一样长大的我，又正是调皮好动的年龄，我就把注意力转移到了乒乓球上，干脆逃课，成了运动场上的挥拍少年，陶醉于正手、反手、横拍、直拍、推挡、搓球、削球、拉弧线，各种技巧让我深深着迷，并迅速打进学校前两名。这一爱好也让我日后受益，在商战中成为很好的解压方式，无论碰到多么糟心的对手，多么棘手的事情，在球场上左奔右突大汗淋漓几局下来，愁云便散去，如果说还有阴云，那就再来几局。然而，收获了"球王"的地位，随之而来是中考落榜。放榜那天，我和同学相约去看录取信息，见榜上无名，少年不识愁滋味的我若无其事，抱着篮球转身就和小伙伴们又啸聚到操场去了。而我父母对我的迷之自信也莫名地格外坚定，我妈只淡淡地说了句："今年可能就是农活干多了，明年少干点儿，多用心读点书就行了。"

　　复读一年后，我顺利考上了当地的高中，我绷紧的弦又放松了，兴趣点转到了篮球和足球。高二文理分科时我在班级里排到了二十多名，怎么看也跟大学本科没有缘分。我父母依然不急不躁,他们笃定地认为全中国那么多所大学,怎么可能没有一所大学录取自己的儿子!我始终没弄明白当年父母对我的信心从何而来,只是非常幸运地享受了父母给我的宽松环境,这反而让我有了很好的心态——批评、指责、过度殷殷的期待,未必是孩子前进的动力,相反,也可能是沉重的压力,不仅不会让孩子加速前进,反倒可能把孩子压趴了。

初三复读的经历,没有在我心里留下多少阴影,但外面的世界到底有多么精彩还是深深地诱惑着我,我不想同窗们都远走高飞了自己还滞留在县城回炉复读。所以,进入高三后,我发奋努力,很快绝地反击,高考一跃以全县排名第十的成绩考入上海的一所医科大学。

20世纪90年代初的本科生被视为天之骄子,毕业不愁去路。大学生活刚刚开始,上了两堂有机化学课,我就认为这么简单的内容哪里需要老老实实坐在教室里听,考前突击一下还不行?操场、足球、烈日下的奔跑、出一身透汗,这一切仍然像女妖邪魅的手在召唤着我。我几乎把医科大学当成体育学院上了,期末三门挂科!校方规定如果四门挂科,即使补考合格也别指望大学毕业能拿到学士学位。这下子我慌了,也老实了,赶紧把心收回到学习上来,因为要短时间内把积压的荒疏的功课补上,催逼我一旦投入学习就高度专注,并且以行之有效的自学能力迅速掌握知识的核心。

我大学毕业后进入省会城市一家规模最大的制药厂工作,一入职就被委以重任。或许是贪玩和淘气已经在大学的操场上得到充分宣泄,没有人再盯着我学习、考试了,我反倒安静踏实下来,把省图书馆当成了无声的课堂,每个周末雷打不动地稳坐在省图书馆,埋头苦读,一坚持就是整整两年,省图书馆已经找不出我要读的专业书了。

我儿子长相和性格都比较像我，初中之前虽然不特别努力却也没像我当年走了那么多弯路，所以我坚信他高中的时候会展现出他的实力。我的这份自信可能也是遗传的。

问：您一直强调家庭教育的主要任务就是把控大方向，您所说的大方向是指哪些内容？

邵爸：我觉得培养孩子如同驾驶汽车，父母的职责就是适时微调方向盘以保证汽车在正确的道路上行驶，偏左了往右调调，偏右了往左调调。只要大方向不出问题，孩子终归差不了。我理解的大方向具体包括以下内容：

第一，养成良好的习惯。比如说最简单的，小时候要养成先做完作业再去玩的习惯。这一条相对比较简单，孩子小的时候一般会比较好管，只要明确提出要求，严格执行就可以了。随着年龄增长，进而培养时间管理的概念。

第二，树立正确的三观。其中最重要的就是摒弃凡事上来就想着投机取巧走捷径，而是要强化提升自身核心竞争力的意识。我对孩子的教育鲜少以"别人家的孩子"为榜样，这样不至于可能话没说几句孩子就已反感，相反，我更愿意给他举一些反面的例子。比如熟悉的亲戚朋友中就有耍小聪明，占点小便宜就沾沾自喜的，后来不是停滞不前就是栽了大跟头，活生生的事例让孩子看到那显然是一种短视行为。我也非常认同身教大于言传，合适的时候可以让孩子参与到父母的工作中去，让他看到家长是如何对待朋友、如何对待金钱、如何提高自己的核心竞争力。做得好的方面要让他知道，这比耳提面命百遍都重要。另外，在教育方面，不要在乎"闲谈莫论人非"的说法。遇到不好的行为或者现象，当家长的应该勇于亮明观点，通过对一些社会现象的批评，让孩子知道哪些事情是不可以做的。

第三，建立孩子的安全感。主要包括在学校里的安全感和在家庭中的安全感。比如一个温馨平和的家庭氛围，孩子能感受到被父母的爱和关怀包裹着。在学校里不能让孩子受欺负甚至被霸凌，如果家长没有成为孩子强大的后盾，孩子会变得胆小如鼠唯唯诺诺。小邵上初中的时候班里有两个爱打架的孩子，这两个孩子性格比较冲动粗野，有一次甚至在课堂上跟年轻的女老师发生了肢体冲突。一天小邵放学回家后忧心忡忡地跟我说："某某某扬言要打我。"我的解决方式是给他一个甩棍随时揣在兜里，并且告诉他："咱们不主动惹事，但他如果无缘无故挑衅你要打你，你就毫不客气地掏出甩棍狠狠揍他，你打不过他我帮你打，医药费我负责。"后来小邵果然在学校厕所里遇到这帮人要过来打他，有了我撑腰，他勇敢地一棍子甩出去，虽然双方毫发无损，但是立马把对方震住了。也有家长问我万一孩子失手把对方打严重了，或者小邵被对方打伤了，怎么办？我又回到我一直信奉的中庸理念——执两用中，我说其实我认真权衡过，小邵如果平日里是个喜欢打架挑事的孩子，那么就要像对待野马一样，把笼头勒一勒，把他往回拽一点。可是小邵属于温文尔雅不去主动生事的孩子，更不可能主动施暴，如果他遭受霸凌，可能从此就落下心理阴影，未来的一生在社会上做事立足都会变得瞻前顾后谨小慎微放不开。

大人的妥协和疏忽会纵容恶意的滋生，及时果决有效的措施制止了可能发生的校园霸凌。

大部分成年人处理这类问题时都会说这种话：别欺负人，和小伙伴好好相处。我则是从反方向入手，我的出发点不是温暾简单地劝阻不良行为，而是希望帮助孩子找到解决问题的根本方法。这件事的解决也带来了另一个好处，就是及时制止了恶意、欺压的不良行为，原本爱挑衅的孩子如果不被坚定制止，慢慢地就可能演变成真正的校园霸凌，对谁都是损失。一味的妥协就是可怕的纵容，善良应该是带着锋芒的。

第四，增强孩子的自信心。怎么增强呢？一个字——夸！两个字——猛夸！从基因到某一件做得比较好的小事，我对孩子都是各种夸。作为一个科班出身学医的人，我是坚定的基因决定论者。从小我就常给孩子讲他奶奶当年多么优秀，如果奶奶不是在该上大学的年龄恰好赶上了十年"文革"，以奶奶的聪慧那准定是北大清华的苗子。我也讲自己当年如何一发力就轻松考上好大学，因此告诉他"从基因的角度来讲你一定非常优秀"。我甚至故意从玄学的角度去培养他的自信，半开玩笑地跟他说他出生的时辰，正是三峡合龙的时辰，因此一定是非常好的生辰八字。我觉得建立在踏实努力之上的"自命不凡"是个好词，不是虚妄地狂妄自大，年轻人要有一点"舍我其谁"的霸气。就像陆游的词"此身恰似弄潮儿，曾过了千重浪"，毛泽东写下"问苍茫大地谁主沉浮"，唯有这份豪迈自信做底才能取得个人的成就，推动社会的发展。

以上这几方面如同一棵大树的主干，只要这几方面不出问题，孩子大概率会成为一个比较优秀的人。我认为孩子能否成才90%是由基因决定的，剩下的10%就是以上提到的，家长要帮着把握方向。虽然只占10%，但也是必要条件。如果一个孩子的三观跑偏了，或者没有养成良好的学习习惯和时间观念，或者从小就没有安全感，缺乏自信心，那这个孩子能取得成功就是小概率事件。

小邵小学、初中都是在二线城市的普通公立学校就读，我没有煞费苦心买学区房让孩子入读名校，精英学校和普通学校各有利弊，精英学校出来的孩子相似度可能会更高一些，而在普通学校，孩子的父母所受的教育、从事的职业、经济收入各有不同，孩子从小就接触到社会的复杂性，以后会更适应形形色色的情况。当然，普通公立学校师资力量可能相对薄弱，我儿子的英语发音一直是明显的"庄上口音"，直到去了美国两年才得到很大改善。传说中的那种托福考试张嘴就扣7分，就是我儿子这种情况，对他而言，受口音拖累，托福能冲到110分就是天花板。

孩子小时候没有远大理想很正常，家长千万不要为此产生焦虑情绪。宁光院士第一年没考上大学，复读了一年才考上了山东医科大学。从小就想成为伟人的五道杠未必就能成功，从小懵懵懂懂的孩子也可能只是成熟得晚。家长的任务就是把握好大方向，创造好的条件，营造好的氛围。

问：您认为孩子达到一种什么状态才算作成功？

邵爸： 孩子的成功可以有很多种维度。总体来讲西方人喜欢对外扩张，比如说挣到大钱了、地位提高了，在某一领域成为一名佼佼者……英语里有个词叫aggressive（积极进取的，咄咄逼人的），我认为这是个褒义词。东方人则更强调向内修身，追求内心的平和与富足。我觉得仅仅第一点是不够的，达到第二点才算是成功。但绝大部分人的修养到不了那么高的层次，所以第二点很难单独实现，往往还需要把实现第一点作为前提。

对于我儿子，我觉得他现在的状态就很好，能量满满，足够积极，足够aggressive——有闯劲的，有进取心的，当然这个词也可以解释为侵略性强、好斗。时下的高频词"躺平""摆烂"都不应该是年轻人的风貌，但年纪大了之后，比如到了我们这个年龄，或者六七十岁了，那时候他如果能达到一种"采菊东篱下,悠然见南山""乐夫天命复奚疑"的境界,大约就算是成功的人生吧。

问:您觉得孩子是内向好还是外向好?如何更好地培养孩子的性格?

邵爸:每个孩子天性不同,培养的侧重点也会不同,基本原则就是因材施教。我的理念是提倡纠偏,我愿意再一次强调老祖宗留给我们的法宝——中庸。如果孩子过于内向害羞,就让他多参加一些集体活动、体育运动,让他活泼开朗一些;如果孩子过于外向张扬,就让他学一点琴棋书画培养静心的习惯,斯文一些;如果孩子过于斤斤计较,就多灌输他一些有容乃大之类的理念;如果孩子过于大包大揽甚至会交友不慎,就多培养他的是非观和择友观……总之,我认为性格的培养不同于兴趣和特长的培养,兴趣和特长自然是"越特越长"越好,"一招鲜吃遍天",但性格还是中庸一些更好,有利于人生的平稳发展,也就是行稳致远。中庸是影响国人两千多年的思想,强调"执两用中",推崇恰到好处的美,不偏不倚,过犹不及。中庸绝不等同于平庸,而是一种智慧、中肯和宽容,以良好的分寸感平衡问题和挑战,强调调和、兼容、恰到好处,让人生充满韧性与力度。

问:小邵有哪些兴趣和特长?参加过哪些方面的培训?您是怎样看待课外培训和活动的?

邵爸:小邵的兴趣比较广,练过多种球类运动、游泳、画画、钢琴……但很客观地说,没有哪一项可以称为特长。虽然这是一个遗憾,但我丝毫不后悔。如果回到15年前,我仍然不会违拗他的天赋和本心,为了让他练就一项特长而强迫他进行艰苦的训练。相比傲骄于人的特长，我认为保持兴趣和快乐更重要，热爱可抵岁月长嘛，在兴趣里享受快乐对人是一生的滋养。

除此之外，培养兴趣的另一个立竿见影的现实意义是可以避免孩子沉迷于手机、打游戏上瘾。有一句话说，把地里种满庄稼，野草自然就不长了。我经常带着他去运动，比如说打篮球、踢足球、游泳。也会带他参加一些有意义的饭局，让他见识市井百态、各色人等，在这个过程中培养孩子的思考力和辨别力。孩子不可能永远只在书斋里读圣贤书，未来一定要进入社会这个江湖。总之让有意义的活动填满他的生活，世界向他打开一扇又一扇的窗口，新鲜和有趣纷至沓来，他自然就不会沉迷于网络游戏了。

选择了出国留学这条路，托福以及SAT方面的培训自然是少不了的，这毕竟是申请美国大学的敲门砖。高中阶段他还参加了一些真正能学有所得的优质夏令营课。上了大学之后范范参加的培训不减反增：有在欧洲投资公司的实习，有跟着教授做科研，也有参加考各种证书的辅导班，比如说CFA（特许金融分析师）证书考试培训班，忙得脚不沾地又乐在其中。

或许回过头来看，以世俗的评判标准，小邵的成长过程也有一些不够尽善尽美的地方，比如没有特别突出的特长，比如小学和初中阶段学习抓得不够紧，但作为父亲的我根本不认为这是什么弯路。如果时光倒流，我仍然会采取这种教育方式。因为身心健康永远是第一位的。总而言之，我认为他的成长一直没有脱离正确的轨道。

问：申请美国大学要写很多文书，小邵是如何提高阅读与写作能力的？

邵爸： 相信每个家长都深知阅读的重要性，我谈一下自己的亲身体会。小邵上初中的时候完成一篇 600 字的作文都要生拼硬凑，吭吭哧哧写出来的作文干巴巴的，毫无文采可言。但是上了高中后小邵忽然就像打通了任督二脉，这得益于他如饥似渴地海量阅读。因为要申请留学，就阅读了大量的英文原版书。这时候他的独立学习能力很强了，阅读范围不局限于文学、历史、哲学、自然科学各门类无不涉猎，显然对提高写作水平有非常大的帮助，因为语言是相通的。当年在普林斯顿大学教比较文学的甄老师，对学生要求非常严，后来都用"流光溢彩"来评价他的文章，他的进步完全超出我的想象。

入读 UCLA 后，小邵计划转学芝加哥大学，因为芝加哥大学的数学、金融专业在全美遥遥领先。有一次我和他微信聊天，他自夸转学文书写得非常满意，我调侃他"笔落惊风雨，诗成泣鬼神"，他立马回了一句"兴酣落笔摇五岳，诗成笑傲凌沧洲"，当时就把我惊住了，没敢往下接话，后来我搜了一下才知道他引用的是李白《江上吟》里的诗句。这小子，我用杜甫夸李白的诗夸他，他立马用李白自夸的诗夸自己！类似的例子还有很多，他经常把黑格尔、柏拉图等人的名言信手拈来，我都不知道他具体是怎么完成了这些阅读的积累。大学入学前他参加了 GRE 考试，一次就考了 332 分，其中阅读是 165 分，可谓水到渠成。

问：看来您是一位很接地气的爸爸，您平常是如何引导和陪伴孩子的？如何与孩子进行坦诚的沟通？

邵爸： 我给自己的定位是，在孩子小的时候是他的保护神，是他的思想品德老师，是他的习惯培养者，同时努力去发现他的天赋。孩子长大后，则应当适度退后，是恰到好处的建议者，是分寸感很强的"军师"，偶尔行使批评纠正的权力。健康良好的父子关系应该是亦师亦友，是兄弟一般的平等无拘束。

单从陪伴这一点上来说，我在付出的时间和用心上，可以毫无愧色地说超出了很多父亲。儿子初中三年的体育课，几乎80%的时间我都在学校围栏外从头至尾旁观。炎热的夏天，我戴着一副墨镜，那时候我开的车车型比较大，甚至招致我孩子的同学问他："你爸爸是不是黑社会啊？"他上高中的时候我还跟学校申请去给他所在的班级义务当体育老师，当然因为我没有教师资格证，这个热情而美妙的想法最后卡在了校长那里，未获批准。

家长要获得孩子的信任就不要居高临下总想建立一个高大正确的形象，不要一味地讲自己如何如何牛，相反可以适当暴露自己成长过程中走过的弯路。这些踩过的坑会让他们感同身受，前车之鉴，更有教育意义，也更容易拉近两代人之间的距离，更容易建立起亲切感和信任感。比如，我毫不避讳把当年因为迷上打乒乓球导致连高中都没考上的教训说给他听，也会把大学里因为逃课导致多门挂科的糗事向他袒露。

很多小事没有对错之分，所谓"仁者见仁，智者见智"。所以，在沟通过程中应该允许孩子的某些观点和家长的认知不一样，甚至对孩子的一些不违反原则的小错误表示包容和支持，让孩子觉得大人不是老挑刺。但是如果遇到大是大非的原则性问题，我们家的方式是通过辩论的形式最终达成统一意见。因为我相信大是大非的问题正确答案只有一个，总归能通过摆事实、讲道理、谈逻辑得到一个正确的结论。

问：小邵在不同阶段有什么样的目标？您是如何引导的？

邵爸：我儿子上小学之前的人生目标就是一个字：玩。上了小学，他自己定的人生目标是当一个小学的副科老师。之所以要当副科老师，是因为他认为副科老师教学任务不重，很轻松。上了初中，他的人生目标就变成要当大学教授，因为大学教授学识渊博、地位高。他的目标是不断进阶的，越来越高。初中毕业的时候他认为能上香港大学就很了不起了，但是等到高中毕业他上了UCLA，继而又转学到了芝加哥大学。上了大学之后，他的人生目标变得更加明确，就是从事金融行业。短期目标是本科毕业后就读普林斯顿大学、麻省理工学院或加州大学伯克利分校的金融硕士。说得直白一点，就是想挣钱，在挣钱的过程中体现他的判断力和运筹帷幄的智慧，实现他的社会价值和人生价值。所以，当一个孩子把自己的人生目标定得比较低的时候，家长一定不要担心，因为孩子在不停地成长。没有必要因为他暂时的看似胸无大志，就感到困惑或者焦虑。

我认为家长要做到的是，小学阶段培养孩子养成良好的习惯、正确的是非观和价值观。初中阶段，培养孩子的逻辑思维能力、开拓视野、增加见识。高中阶段，注重培养孩子学习的狠劲儿或者说爆发力、时间管理能力。每个阶段都要通过潜移默化、言传身教地影响他，使孩子内心有清晰又不过于好高骛远的目标。

而高中就是冲刺阶段了，肯定要争取上力所能及的最好的学校。至于大学的选校，我觉得排名和知名度还是重要的。没办法，现实因素还是要考虑的。

平时我们会给他灌输一些理念，比如说"努力不是一件丢人的事情""赚钱不是庸俗的""创新才能让你脱颖而出""给别人带来收益，你自己才能获得好处"等等。但是他的人生目标是自己慢慢自然形成的，我们做父母的基本不会干预。他想学金融挣钱也罢，他不在乎金钱而想去追求内心的富足也罢，我们都是可以接受的。

他现在变得这么努力上进，已经超出了我当初的预期。究其原因，一方面，或许是基因决定了他到这个年龄自然就开窍了，变得积极进取；另一方面，家长的教育可能也起到了一定的作用，比如说从小就灌输的理念"努力是一种优秀的品质，甚至是一种优秀的天赋"。另外，我会经常带他见一些优质的偶像，也许也对他产生了一些积极的影响。比如我的一位同学，是相当重量级的天文学家，是既聪明又努力的典型代表。

问：您刚才提到小邵现在非常想赚钱，您是如何培养他的金钱观的？

邵爸：孩子小的时候往往对金钱没什么概念，这就需要家长进行适当引导。我儿子小时候会为了一块钱而斤斤计较，那不足以说明他的品性是吝啬还是贪婪，懵懂的童年时代更多是自我的物权意识吧。等上了高中，他又一度把钱看得很淡，对钱数的多少完全没有概念。这两种情况都需要进行适当纠正。他上高一的时候，有一次跟我说："我们班某某同学家里挺困难，想出国参加一个竞赛，咱家能不能赞助他两万块钱？"我先是问他：“你是不是已经答应他了？”他略有些不好意思地说：“是的。”我说：“那好，把你同学的账号发过来吧。”我之所以同意赞助他同学，主要是因为他已经答应了别人，男子汉大丈夫要说话算数。但我同时也会教育他，能上国际部的孩子一般家里不至于很穷，而且一般的工薪人士要工作四个月才能赚到两万块钱，这并不是一个很小的数目。

　　事实上，这个故事后来的走向颇为有趣。这个得到我儿子帮助的同学，并没有如常理想象的，感恩戴德甚至和我儿子成为肝胆相照的兄弟，相反，因为他喜欢一个女孩，而那个女孩却偏偏喜欢我儿子，这个同学便说了些小邵的坏话，想以此俘获女孩的芳心。当然，年轻人的心智并不成熟，但我也正好借此告诉他，人性是经不起很多诱惑和考验的，比如灾难、疾病、金钱等等，不要盲目地对人性抱过高的期望。2023年的巴菲特股东大会上，99岁的投资大师查理·芒格以他近一个世纪的人生阅历和睿智说："我不会为人性而感到意外，也不允许自己花过多时间去感受背叛，我总是调整自己去适应这一类事情。"

　　在儿子成长的过程中，我逐渐地把我的金钱观传递给了他，比如：花小钱一定要大方，花大钱一定要谨慎；在挣到钱的前提下，能用钱解决的问题都是小问题；努力不丢人，挣钱不丢人；挣钱的同时缴纳了税收，创造了就业岗位，就是对社会的贡献。

　　金钱观如同学习一门语言，越早学习越容易掌握；探知财富密码，也是越早介入收益越高。坦然地和孩子讨论金钱，让孩子做力所能及的工作，很重要的一点是让他们明白，钱来自工作所得，而不是轻而易举地来自父母的钱包。一旦孩子理解了这种因果关系就能明白为什么要踏实勤恳地工作，当孩子为了自己想要的东西而努力工作时，这样购买到的感觉就不是单纯地满足了物欲，而是获得了一种成就感。让孩子用小数额的钱试错收效很大，许多成年人在钱财方面犯昂贵的错误，是因为孩童时代没有犯微小廉价的错误来积累宝贵的经验。让孩子犯点小错误并意识到需要为此承担后果，经此而成长、成熟，历练包含着失败经验的积累。

问：孩子出国留学的决定主要是谁做出的？您认为这条路走对了吗？什么时候开始做的准备？在这个过程中有什么教训吗？

邵爸： 出国留学这条路主要是孩子自己的选择，家长只是支持了他。孩子当初选择出国留学的目的应该很简单，就是为了偷懒，想避开挤高考这个独木桥。完全没法和雄心壮志生拉硬扯上，但是实践证明出国这条路需要付出的努力一点儿也不少。他高中同班的两个女孩子，一个申请到了芝加哥大学，一个申请到了约翰霍普金斯大学，据说经常是凌晨一点多才睡觉，早晨五点半又爬起来继续学习。我是学医的，觉得这已经达到人类的极限了，丝毫不亚于为高考而拼搏的孩子吧。

我儿子初中临毕业的时候才开始有了留学的想法。真正开始做准备是初中毕业后的那个暑假。那个暑假他先去欧洲旅游了一趟，开阔了眼界长了见识，回来后就特别努力学英语。我认为出国留学这条路是适合他的，让孩子充满驱动力，科研和实习的机会也非常多，他如鱼得水，一路狂飙，乐在其中。如果说有什么教训，就是开始准备得还是晚了一些，初中毕业后他的第一次托福模拟考试只考了 31 分。

最后，我想把小邵自己总结的一点人生感悟作为访谈的结尾：人生其实就是在打一场游戏，在不停地打怪升级。相比于虚拟世界中的网络游戏，人生这场游戏显然更有趣、更有挑战性，你参加的所有培训就相当于是你买的装备。真正的强者会把人生当成游戏来打，弱者才会把游戏当作全部的人生。

松弛有度，
　　更自由更茁壮

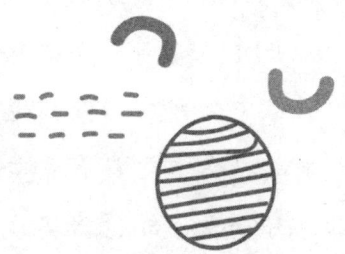

家长经验帖：

鲲的早教是户外和运动，花草树木、飞鸟昆虫是他天然的玩伴，在天高地阔中观察、触摸、寻找答案，是另一种有意义的学习。

在帮助别人的过程中，鲲体会到被他人、被集体的强烈需要，这让鲲更加自信、开朗、快乐，学习上自然也如虎添翼。

小时候鲲陶醉在把电脑拆得七零八落的兴奋中，并成为熟谙电脑的小专家。在未来的社会中更具有竞争力的是充满好奇心、有创见、能付诸实践并能自我引导的终身学习者。

顺木之天，以致其性，父母只起脚手架的辅助作用，警惕控制欲和代劳。

家是孩子安全的托底，一切基于爱的信任、尊重、鼓励和欣赏，是孩子奋斗的动力，身处低谷时的慰藉，重新出发的勇气和力量。

2022年高考结束，鲲被上海交通大学录取。约请鲲妈访谈的那天是灼热的盛夏，丰沛的阳光从办公室宽大的落地窗投射进来，她迎着阳光走来，齐肩直发，脸上的笑容平实素朴，甚至还有一丝若隐若现的羞涩，与这个年龄似乎不很吻合。当然，这是因为我们第一次谋面的缘故。鲲妈穿一件黑色连衣裙，于中年人而言中规中矩，面料和做工既不让人眼前一亮，但也绝不出错。访谈开始，她透着明显的鲁西北方言的口音，显然，不会让人立刻把她和职场"白骨精"画等号，也绝没有夺人眼目的成功妈妈的人设。

　　开门见山，拨开鲲身上双一流名校的简单标签，鲲妈回溯鲲18年成长的一个个切片。通过这些真实的生活肌理，渐渐勾勒出鲲的成长履痕——鲲由大字不识的姥爷姥姥带大，却没有因隔代亲被宠溺出性格缺陷；上幼儿园之前几乎天天在户外或郊外长大；没有持之以恒的睡前亲子阅读；耳濡目染姥姥姥爷的善良热心由此养成暖男，宁可耽误自己的事也要把帮助别人以及集体的事情放在第一位；父母从事电脑营销组装工作，他小时候的至爱就是玩电脑甚至拆装，因而成为电脑高手……

　　以下根据鲲妈的讲述整理——

山野河流、草木虫鱼无一不是早教

鲲的成长与同龄的城市孩子区别很大,进入 2000 年后,"不要让孩子输在起跑线上"的理念更深地植入为人父母心中,各种早教机构遍布城市。鲲来到这个世界时,正是鲲爸鲲妈辛苦忙碌的创业阶段,照顾鲲的任务就完全交给了姥爷姥姥。大半辈子都在地里劳作的姥爷姥姥,显然不具备高屋建瓴的早教理论来指导孙儿,但乡村生活养成了姥爷天然与青绿山水亲近,且 60 岁以上可以享受免费坐公交车,在姥爷眼里简直就是天上掉馅饼,于是,上幼儿园前大自然就是鲲不需要买门票的游乐场。旭日初升,姥爷便带着孙子坐上公交车一站一站地去往近郊了,天色向晚爷孙俩才兴尽往回归,抓蚂蚱、逮蝈蝈、打水漂,阳光、微风、泥巴、花草树木、鸟儿鸣虫就是他们最好的玩伴。很多爷爷奶奶把带孙子去户外玩耍当成必须完成的任务,鲲的姥爷却是自己陶醉其中。这些与山野亲密接触的时光,分不清是姥爷带领孙儿还是孙儿陪伴姥爷。天地大美,无拘无束的童年滋养了鲲开朗平和的性格。

美国诗人惠特曼写过一首脍炙人口的诗:《有一个孩子,每天向前走去》:

有一个孩子,每天向前走去 / 他看见最初的东西,他就变成那东西／那东西就变成了他的一部分／在那一天，或者那一天的一部分／或者几年，或者连绵很多年。

或者是早开的紫丁香，那么它会变成这个孩子的一部分／还有那青草，那绚丽的朝霞，那红的白的苜蓿草，以及那菲比鸟的啾鸣……

著名历史学家许倬云先生以他 90 多岁的人生阅历和治学经验勉励年轻人，除了老师授课的讲堂和布置的作业外，还要"放开眼睛去看，张开耳朵去听，天下没有一个东西，不是你的功课"。

学习的方式很多，不是只有在书桌前、台灯下做题或者背诵某个知识点。孕育和滋养了所有生命形式的大自然是另一所学校，蕴藏于大自然间的种种神奇和丰富，给予人类的滋养和启迪不是图书或者搭积木能替代的。投身大自然、感受大自然既收获了鲲强健的身体，同时也很好地磨炼了他敢于挑战自我的勇气和意志，开阔了他的心胸。不要以为那些爬过的山、涉过的水、走过的路、迎过的风沙、眺望过的落日、仰望过的星空，就只是当下简单的玩耍，这一切的价值可能是沉淀在岁月的深处，成为孩子未来的滋养。谁的人生没有风风雨雨？而一个从小建立起热爱大自然的孩子，当他迷茫或困顿、疲惫或受伤的时候，一定善于从天地自然中得到启迪与智慧，获得疗愈和重启的力量。

暖男，在利他中发现自身价值，获得自信与快乐

姥爷姥姥年过花甲才有了孙子，非要说隔代亲娇惯在所难免，那也只是表现在一些生活琐事上：饭都做好了，鲲只要一撇嘴不爱吃，老人一顿也舍不得让孙子饿着，立刻妥协，麻利儿就带着鲲去外面吃；或稍有头疼脑热，老人就按捺不住只催速速带孙子上医院，希望三下五除二药到病除；看着小孙子抹过的桌子左一道右一道的痕迹不够干净，老人宁可代劳，亲自上阵轻松解决……

但在为人处世、性格品质的塑造上姥姥姥爷不仅清醒，而且智慧，进退有据。姥姥姥爷都是热心肠，和谁都自来熟，家安在哪里很快就与左邻右舍亲切、热络起来，生于斯长于斯，自然具备了培养暖男的丰厚土壤。鲲还是个小不点儿，看邻居远远地买菜回来了，姥爷姥爷便鼓励他上前帮忙拎，没有学习过赏识教育理论的老人，就因为他们骨子里对鲲无条件的爱和欣赏，怎么看怎么宝贝，无师自通地总是以超级夸张的口吻夸赞孙子的勤快热心，如此一来，鲲嘴甜之外，更加喜不自胜地帮人干活了。当然，姥姥姥爷的善良却绝不是没有是非原则。鲲家唯一的一次跟团游，导游连蒙带哄领大家进了一家玉器店，这种购物店的底细人人心知肚明，但五十几个旅友没人愿意捅破，唯独姥爷性情耿直，大声提醒大家，货品真假难

辨，价格虚高，千万不要上当。可想而知之后的一路，导游见了他们一家脸就阴沉得像乌云。由此也催生了后来家庭出游鲲负责做攻略、买票、订房，再也没有跟团游。

教育家陶行知先生说："生活即教育。"也就是说在生活中受教育，教育渗透在生活的种种细碎中。陶行知还强调"千教万教，教人求真；千学万学，学做真人。"姥爷姥姥对鲲成长的影响无意中就是陶行知教育理念的诠释。

家庭给鲲的性格打上了宽厚的底色，上学是他进入社会的第一步。或有老师、同学生病，他急三火四帮忙买药；学校里的电脑出问题了，他义不容辞负责维修，常常宁可耽误自己的事也要先去帮助别人。这习惯一路延续到鲲上了高中，担任卫生委员，相比于班长、团支书、学生会主席，这实在算不上是个光鲜的学生干部，甚至费时费力又不引人注目，优秀学生干部的桂冠也很难落到卫生委员头上，但鲲泰然处之。常有值日生或是忘记，或是淘气溜号，最后偌大的操场就剩他一个光杆司令在打扫，鲲一坚持就是一年，但他没有委屈没有抱怨，对他来说早已习惯成自然。高中阶段鲲走读，周末他的例行功课就是把住校同学需要采买的生活、学习用品一一记下，周一再大包小包拎到学校。家人有时也故意调侃他一两句，你这样忙得呼哧带喘的，就不嫌累吗？鲲不以为然一笑而过。当然，"先把学习搞好，别掺和这些没用的，没必要过于热心"，诸如此类的话永远不可能从鲲的父母或姥爷姥姥嘴里说出来，他们笑眯眯地逗趣的潜台词里是支持、赞赏和鼓励。

鲲初中入读的是一所以尊重学生天赋、素质教育颇具特色而闻名的学校，音乐节、话剧节、体育节等各种活动层出不穷。鲲当然不是没有短板，从没上过钢琴、绘画等各种特色班，他没有突出的才艺，虽然也会吹个竖笛，技艺却并不出众。不过鲲心胸开阔，比起成为引人注目的主角，他更享受的是参与到团队中，享受团队里合作、热闹、协调的快乐。他也参加演讲、戏剧、小品表演，虽然永远都是扮演路人甲、匪兵乙，担纲烘托气氛、跑龙套的角色，但丝毫不影响他乐在其中。他兴致勃勃地忙前忙后，帮着采购、搬重物等干各种杂活，没有丝毫自卑、落寞，相反满头大汗笑容灿烂。鲲会自嘲也会八卦，是同窗们紧张学习之余的开心果。因为鲲学习成绩好，老师自然就安排一个稍差的同学跟他同桌，他会笑嘻嘻地说"人家是旺夫命，我是旺女同学命"，跟他同桌的女生没多久成绩都提高了。

他始终是集体里特别受欢迎的暖男。

从小到大，他玩在一起的同学群，是互相交流、互相学习、你追我赶的小团队，彼此没有嫉妒心，因为思想碰撞、答疑解惑互相成为对方的老师而快乐。高考放榜，一同披荆斩棘乘风破浪的发小，有的录取到北大清华去了，鲲由衷地为小伙伴点赞。求学一路走来的氛围是乐于分享、提携，而不是把别人当成假想敌，他乐意给别人喝彩和敬意，却丝毫没有敌意和醋意，心里是惺惺相惜的磊落。

家是孩子的另一个没有黑板、没有上下课铃声的课堂，姥爷姥姥不会说"唯天下之至诚能胜天下之至伪，唯天下之至拙能胜天下之至巧"，但他们把这种品质教给了鲲。

当"内卷"越来越成为高频热词，与之相反的就是人人都渴望松弛感，焦虑情绪弥漫于各个年龄段、各个行业的人当中。教育学家、心理学家发现片面地给孩子灌输成王败寇的教育观，培养出来的孩子未来反而没有竞争力，因为单一的价值取向、过度的竞争会导致孩子更缺乏安全感、自信心，失去独特性、创造力以及合作精神。如果社会和家长只推崇名列前茅才算成功或者有价值，孩子不是活在赢过别人的自大中，产生虚妄的优越感；就是陷入落后于人的焦灼中，产生自卑和不安。这样的教育不仅让孩子童年、少年就笼罩在压抑与不快中，更大的忧患可能是孩子的未来。一个人真正的自信是建立在良好的自我认知，不断自我超越之上的自我认同，以及在集体中体现自己的价值。从小就被鼓励被赞许的孩子，内心充满安全感因而更平和笃定，如此才能更好地激发孩子的创造性。人生不是靠撑杆一跃就能抵达开阔地，而是靠日积月累，行稳致远。未来进入茫茫社会后，一个人核心的价值和竞争力，更多地体现在他的不可替代性上，也就是他的内驱力、自主性、创造力、爱和分享、沟通、合作的能力……善于合作、拥有领导力和能整合各种资源，这样的人显然其人生更富有弹性、更游刃有余。事实上孩子无论多么优秀，怎么可能在所有赛道、所有时间段永远都是独领风骚的佼佼者？世界如此之大，人生如此之长，山外青山楼外楼。生命是用来完成的，不是用来比较的，所以孩子的教育环境不应该是强调处处争第一、事事只有输赢，而应该鼓励孩子成为自己并具有利他精神，能为集体贡献力量，因为受欢迎的人自己也自信快乐。

教育的首要目的是帮助孩子成为身心健康、人格健全、精神独立的人。"成人"是前面的 1，成才、成功都是后面的 0。父母、老师应该关注孩子的"成人"，胜于关注孩子的成才；关注孩子的身心健康，胜于关注孩子的考试成绩；关注孩子的快乐，胜于关注孩子的成功。因为这不仅意味着给了孩子一个快乐、全面的成长过程，也意味着给了孩子一个更广阔、更幸福的未来。

《幸福之路》是英国哲学家罗素所写的探索现代社会幸福问题的经典

哲理书，书中罗素专门用了一章的篇幅来谈"竞争"。他把"竞争"排在"是什么让我们不幸福"的首位。他认为，把生活视为就是比赛，就是竞争，只有赢家才受人尊敬，才能过上幸福生活的观点，使得人们以牺牲感觉和智力为代价去过度培养意志力、竞争力，是一种本末倒置的、可怕的、固执的观念，会让人的肌肉和神经都很紧张。过着这种生活的人就像是一直在进行百米赛，但他们竞赛的终点是坟墓。文章的最后，罗素给出了他对此病症的医治办法，那就是我们必须改变关于竞争的哲学，"承认理想的平衡的生活中，要有健全而恬静的享受内容"，他还说"须知参差多态，乃是幸福的本源"。

好奇、探索是人生的燃料

鲲的童年时光，正是其父母打拼事业的爬坡阶段，夫妻俩在科技市场开了家电脑公司，那些日子，披星戴月晚归是他们的常态，一周上班七天，完全没有周末的概念。鲲和洋洋洒洒的早教彻底绝缘，父母能尽的心无非是给他买些玩具和儿童读物。谁知无意中却造成了与"饥饿营销"相同的效果，凡抓到手的带文字、带图画的书鲲一概如饥似渴生吞活剥。鲲四五岁时摸到爸爸的《交通规则手册》看得津津有味不说，就连角落里塞着的一本《新婚必读》也没放过，这段公案成为鲲家的经典笑谈。试想一下那个场景，一个虎头虎脑的小男孩，尚未入学，却兀自一本正经地捧读《新婚必读》，如何不令人捧腹大笑。关于鲲是如何识字的，在鲲家一直是先有鸡再有蛋，还是先有蛋再有鸡一样的谜，唯一可以肯定的是姥爷姥姥连自己的名字都写不囫囵。访谈中我们实在好奇，反复追问，鲲妈努力回想，最后给出的结论是：大抵是鲲痴迷儿童绘本、看动画片、逮着人就东问西问，连蒙带猜日积月累的吧。鲲妈很清楚地记得，家附近有一间书店，姥爷常常带孙子去玩，姥爷喜欢站在书店门口抽烟，和人聊闲篇，鲲则进书店如入宝山，看琳琅满目的书籍就拿不动眼了，一待就是个把小时，从来不吵不闹，安静地独立阅读就是这样建立起来的。

　　毫无压力的放养，也倒逼了鲲的自学能力和动手能力。鲲像一只海葵，伸展每一只触角，拼命地学习计算机知识。
　　因为父母从事的是组装、销售电脑的工作，鲲还在襁褓中咿呀学语的时候，爸爸便常常一手抱着他，一手捧着有关计算机的图书琢磨编程。或许这就是鲲得天独厚的启蒙，与多数男孩热衷的玩具是小汽车、枪、变形金刚等不同的是，鲲痴迷电脑。父母也曾给家里的电脑设密码、把路由器背去上班，并非担心他染上网瘾，只是怕他上网时间太长伤眼睛。谁知鲲的兴趣点压根不是打游戏或上网，他的好奇点在于拆装电脑，研究主板、内存、声卡、显卡、硬盘……父母前脚上班，鲲后脚便山中无老虎猴子称大王，不过鲲的大闹天宫是一个人无声的喧哗，安静里的异常激烈，也就是把电脑大卸八块。鲲12岁那年，有一次鲲爸中途回家，正好撞见鲲把一台电脑一体机拆得七零八落，场面惨不忍睹，爸爸拍下一片狼藉固定证据后，忍不住在微信里大呼："你为了清除密码，把电脑给卸成这样是几个意思？难道是想屁股开花？"分明是初生牛犊不畏虎，少年英雄的行为，引得鲲爸朋友圈里的一众电脑行家惊呼"大赞啊！""高手在民间！"也有架秧子起哄的"小子威武！"不过鲲爸虽然一边回复着"这大爷咋还给助威了呢？""怎么还赞呢？不好管理了，得向老师请教呀！"对于儿子的大胆探索和超强的动手能力分明赞许有加，鲲爸表面愠怒，实则窃喜。这之后鲲对电脑的钻研不但没有收手，反而愈加感兴趣和大胆。就这样在磕磕碰碰的实践中，鲲练就了一份电脑小达人的本事。上到小学高年级，鲲放学后去父母店里玩，就是科技市场备受欢迎的小专家。叔叔阿姨常常半调侃半戏谑地招呼他调整路由器、重装系统、下载个软件啥的，鲲有求必应、乐此不疲，每次帮别人解决问题正好也是他极佳的练手机会。三下两下迎刃而解大显身手的时候有，抓耳挠腮大汗淋漓半天搞不定的时候也不少。鲲妈笑言，"小童工"成特别受叔叔阿姨疼爱、欢迎的"香饽饽"，因为不像找成年人帮忙会欠人情。操千曲而晓声，观千剑而识器，无数次的拆装，练就了鲲对电脑软硬件的精通远超旁人，鲲动手能力强，后来做物理、化学实验时也特别心灵手巧。

　　困扰很多父母的如何掌握孩子使用电脑的时间，在鲲家完全不是难题，到了高中父母更是对他完全开放，不是学业的繁重和压力让他无暇多顾电脑，是因为他不需靠别人管束的自律。电脑是鲲了解世界的工具，成就了鲲爱好广泛，举凡历史地理、人文科学、社会新闻、电影、音乐他无一不感兴趣，虽然哪个领域他也不精专，可他是知识面广博的杂家，更重要的是世界展现在他眼里是如此纷繁多彩、饶有趣味。他甚至煞有介事地研究起房价，地段、交通、开发商、物业、绿化容积率、是否学区房等综合因素，鲲都能说出个子丑寅卯。他还喜欢研究汽车，对不同品牌汽车的性能、防撞减震、耗油排放等了解得头头是道，鲲父母的好些朋友买车还真的认真参考了他的意见，这个小屁孩条分缕析颇有见地，不容小觑，令叔叔阿姨们心服口服。

顺木之天，以致其性

不拔苗助长，不把孩子时间的缝隙填塞得满满的，是鲲直到小学五年级的成长状态。鲲一路无拘无束成长过来，并不意味着鲲妈武断地否定适度合理的校外兴趣班对孩子的助力和提升。小学六年级鲲开启奥数课学习，鲲爸和姥爷姥姥是反对的，怕孩子太累，鲲妈和鲲自己态度却坚定一致，因为奥数是鲲自己喜爱和擅长的，所以他从不觉得辛苦。周末早上兴致勃勃去，晚上蹦蹦跳跳回来，刮风下雨寒来暑往，从未缺课。学习带给他的是快乐，更加激发了他学习的积极性，上奥数课间隙，鲲捎带着把初中课程也预习了一遍。

在关键点上，鲲妈有坚定的主心骨，并非脚踩西瓜皮，滑到哪儿算哪儿。鲲个性非常鲜明，他的优点和缺点正如硬币的正反两面。鲲不喜欢刻板、重复性的学习，小时候唯一上过的校外辅导班是书法，但只上了一个月就半途而废，一笔一画一板一眼地反复练习他是决计无法忍受的。老师讲新课的时候他高度专注认真，对知识点的消化和转化率都很高，但他明显排斥重复性练习做题，书写更是失之于潦草，错误率也高，一开始老师很恼火，恨铁不成钢，跟家长告状，后来发现无济于事，也就听之任之了。鲲善于发散性思维，喜欢富有挑战性的事情，属于典型的竞赛型选手，一入考场就进入临阵状态，如同猎人与猎物对峙，高度兴奋全力以赴。选择题他总能迅速精准选对答案，可在细节的规范上就总是粗心，应用题常常忘了写"答"或者是数量单位，这个亏一直吃到高考。他擅长写逻辑性强的议论文，感性的记叙文他就没有优势。

鲲是所在高中的第一届毕业生，校方难免存在管理经验不足等问题，但瑕不掩瑜，难能可贵的是校园氛围宽松、温暖有爱，每个孩子都是老师手心里的宝，老师积极听取家长和学生的意见，孩子们的荣誉感、集体精神很强，拿学校当家。老师尽心尽力授业解惑，是孩子们无声的榜样，学校注重每个学生个性的自由发展，上学不是为了头顶上悬着的高考那柄达摩克利斯之剑。老师用宠爱滋养了一群孩子，所以但凡有人对校方稍有微词，家长和孩子们二话不说都像护犊子一般顶回去。

柳宗元在其名篇《种树郭橐驼传》里塑造了一个善于种树的郭姓驼背人，当年柳宗元的主旨是强调不要繁政扰民。世间的道理都是相通的，推衍至孩子的成长、对待学业的态度又何尝不是如此？《种树郭橐驼传》开宗明义就以种树做比："顺木之天，以致其性""不害其长"——顺应树木的本性，给予树木自然充分的生长空间，不人为地过度干预，更有利于树木的茁壮成长。但所谓"顺天之木"又绝非怠惰，而是以精妙合理的分寸感，"其莳也若子，其置也若弃"。柳宗元以"吾问养树，得养人术"做结，十年树木百年树人，种树如此，育人何尝不是这个道理？这与道家提倡"无为"也一脉相承，所谓"无为"并非不经思考判断的简单不为，相反强调的是不做违背规律之事。顺木之天需要智慧、理解和克制，该梳理培植的时候不随便放任自流,该放手时绝不拖泥带水。

没有高深理论知识却有宽松心态的一家子,以及鲲一路上的学校,都给了鲲一个"无为"其实是"无违"的成长环境。鲲很幸运,从小没有被一根无形的小鞭子抽打着而心神俱疲,这培养了他做什么都不疾不徐的平和心态,将使他终身受益。

现代教育学也以另一种譬喻指出,父母不要做铲雪机,试图为孩子扫清成长道路上的一切障碍,其实是剥夺了孩子试错纠错的机会,说到底父母不能有太强的控制欲。孩子一天天的成长,是在强健体魄、逐步建立自主学习的能力、积累知识以及塑造行为、发展人格和健康心理等过程中,逐渐长成一个内心丰盈情绪稳定的人。这如同盖楼一层层地添砖加瓦,孩子是那座"楼",父母是提供必要支持和辅助的"脚手架"。脚手架不可或缺但不能主次不明、越俎代庖,把大楼的框架搭建好后,脚手架的作用完成了就应该撤走,大楼终归要凭自己的坚固、稳定矗立于大地上。

并非冗余的题外话

鲲妈常常在微信朋友圈记录家长里短一地鸡毛,她称呼父母用的是如今都市里难得听到的"爹""娘",带着泥土的素朴,莫名地让人有种踏实和亲切之感。爹娘年过八旬,但思维敏捷,口齿伶俐,言语生动,幽默诙谐。调侃打趣、无伤大雅的揭短互黑是他们日常的交流方式,一家子都是民间段子手,读来令人莞尔,特别治愈。

摘录几则烟火气十足的流金碎影吧。

> 我娘过生日,我爹说:"今天你过生日,活儿都算我的,让我干啥我干啥。"俺娘说:"平时喊你,你勤快点就行。"我和鲲爸跟我娘说:"你负责貌美如花,我们负责挣钱养家。"儿子跟姥姥说:"生日快乐,身体健康,让我更长久地陪伴下去。"

> 我都想好了劝爹娘和好的词,还没等用上呢,二老自己和好了。俩人三天两头吵,翻旧账,鸡毛蒜皮,拐弯抹角,铿锵有力,吵得如此认真仔细,气势磅礴,不分胜负。相敬如宾是爱,可我也常常觉得有一个和你吵架的人,而且是可以肆无忌惮地跟对方吵也是一种幸福,因为你知道会和好。

> 老爹自我激励的方法很多:去菜市场买菜回来,说省了多少多少钱,问我你老爹厉害不?我赶紧说太厉害了,等于让我多赚了好几块钱呀!我爹又问孙子姥爷今天炒的菜怎么样?孩子赶紧说太好吃了,大师级别的!我爹帮我娘干完活,说来验收验收吧,你看像我这样的全能老伴儿上哪里找啊?

> 我娘跟我告状说,你爹假装发烧,是为了让我伺候他;我爹说我假装发烧,是为了少听你叨叨。

俺娘有个奇怪的标准，她在外面吃饭的时候总会说："这个没啥好吃的，还不如你爹做的。"等我爹在家做了一道可口的菜的时候，她又说："你爹这次做得还行，跟饭店的一样。"我偶尔也做一道菜，她就说："还没饭店做的好吃。"所以，俺娘心中的厨艺排序是：俺爹做的＞＝饭店做的＞我做的。俺娘一辈子不会做饭，俺爹说俺娘是专挑毛病的质检员。有时候我娘对我爹批评得太狠，我爹就会气得撂挑子。

儿子上大学后，鲲爸晚饭后经常看动画片。儿子欣慰地表扬爸爸一点不油腻，甚至还幼稚。

鲲妈：我嘱咐孩子学习压力别太大，孩子嘱咐我减肥压力别太大，说打小他就见我喊着减肥，也没见我减下来过。我说你净说大实话，这不打击我的积极性吗？你学习上也没少偷奸耍滑啊。母子开启互相揭短模式……

鲲对姥爷姥姥的维护真是毫不含糊啊。我着急上班，娘还在唠叨，我打断道："知道啦，别说啦。"鲲毫不客气批评我："怎么跟老人说话呢这是？"

这些细微真实的生活记录，让人联想起曾经轰动一时的摄影展和纪录片《俺爹俺娘》。摄影师以儿子的身份，通过镜头和文字记录了爹娘生命最后三十几年的生活，一辈子生活在鲁中山区的爹娘，素朴平凡，勤劳善良，相濡以沫，儿子与父母的感情内敛又浓稠，他们是中国大地上许多父母儿女的缩影，曾经感动了无数读者和观众。鲲妈一家子透示出来的何其相似。

我这个局外人时常被鲲妈其乐融融的家庭氛围感动，不过峰回路转，原来生活的暗流，永远比影视剧更跌宕起伏。有一天鲲妈告诉我——爹娘其实是她的养父母！

鲲妈的身世并不具备典型的代表性，相反，是特殊的个案。20世纪70年代末刚刚结束"十年浩劫"，中国满目凋敝百废待兴，出生于鲁西北小镇的鲲妈，呱呱坠地命运就给了她一记下马威。生母体弱多病，根本无力照顾她，她辗转于左邻右舍吃百家饭。对生母未有清晰记忆，生母就撒手人寰了。然而不要用惯性思维唏嘘感慨，急于代入刻板的文学叙事。正应了那句俗套的"命运关上了一扇窗户，但也为你打开了另一扇窗户"，一岁多的时候，鲲妈与养父母结缘，从此多了一对宠爱她的父母。

生父和养父还成了莫逆之交，儿孙长大后他们的日子空闲下来，老哥俩常常结伴出游。不过这是另一个故事了。

彼时因为营养不良，鲲妈右腿不能直立，似有残疾迹象，村邻也好心劝过养父母慎重，别是个残疾儿往后可就是个负担。养母大字不识，一句话却掷地有声："她要是残疾，我就养她一辈子。"仿佛是养母的宣言，却也真的是确定了鲲妈成长的基调——养父母将鲲妈视若掌上明珠。经过一年多的精心抚养，鲲妈健康得像所有顽皮淘气的孩童，上树掏鸟下河摸鱼。

冰心在《寄小读者》里写道："爱在左，同情在右，走在生命之路的两旁，随时播种，随时开花，将这一径生命长途点缀得香花弥漫，使穿枝拂叶的行人，踏着荆棘，不觉痛苦，有泪可落，不是悲凉。"

因循中国传统的家庭结构，养母主内，料理一应柴米油盐的琐屑。养父虽不识字，但心灵手巧，各种农活、瓦工活甚至当大厨都无师自通，上手既快又好，借着改革开放的东风，于家很快就成了村里的小康之家。天生一副热心肠的养父乐善好施，或有村邻借几十元乃至上百元，从来都是慷慨解囊。然而"从此就过上了幸福的生活"，向来只存在于写给孩子的童话书中。真正的现实是天有不测风云，一场原本医学上并不棘手的阑尾炎，却因为误诊，让养父缠绵病榻，三年的时间不断地进进出出医院。病是治好了，却也掏空了家里的积蓄，还欠下了一屁股债。靠着地里刨食的农人日子都过得紧巴巴的，从前他帮衬过的人，也有意无意地躲着他们，生怕他们借了钱后就泥牛入海。

鲲妈说，那会儿为了给父亲补养身子，娘俩去集上买了五斤鸡蛋，不过十三四岁大的鲲妈前车筐载着鸡蛋，后车座上驮着养母，乡间的土路起伏不平，猝不及防车把一歪，连人带鸡蛋摔了一地，鲲妈惶惑地看着蛋液四下里淌得一地狼藉，养母一边慌不迭地抢救，把还没有完全沾上泥土的碎鸡蛋撮到塑料袋里，一边心疼地问她摔坏了没有。

养父母对鲲妈从来没有过高的希冀，也不具备足够的智识帮她规划宏阔的人生，在他们祖祖辈辈的理念里，孩子吃饱穿暖，品行端正，健康长大，再能有一份旱涝保收的工作就是圆满。养母甚至还因为嫌晚上费电，不许鲲妈写作业到太晚；鲲妈说那时候每到割麦子的季节学校会放农忙假，对初三学生因考虑中考压力而例外，养母还伙同其他家长去学校提意见。说到这一段鲲妈早已笑得前仰后合，听的人也忍俊不禁。这对时下竞相"鸡娃"的家长来说简直就是天方夜谭。

与物质贫瘠相反的是，鲲妈的童年温暖和快乐毫无欠缺，她说自己是被宠大的娇宝宝。

爱从来都是双向奔赴，正因为在充沛的爱中长大，乌鸦反哺，鲲妈比同龄人更早更深切地懂得心疼父母、体谅父母，目睹父母的窘境，小小年纪她就坚定地决心和父母一起扛起生活的重担。初中毕业那年，鲲妈拿着一本厚厚的招生手册翻看，原则是哪所学校收费低廉就选哪所，鲲妈考上了一所农业机械学校。即便如此，学费依然像一块沉重的石头压在这个家庭上，躺在病床上的父亲坚定不移，再难也不能耽误孩子读书，东拼西借凑够了学费。少有情绪激动的鲲妈说到这里，不免感慨不足十七周岁的她离家时两眼泪汪汪。那时通讯还很落后，即使城市人家，能安装得起家庭电话的也近乎奢侈，更遑论小镇。养母牵肠挂肚的思念化成一行行眼泪，整整哭了半年，眼睛大受损伤。

阿·托尔斯泰在《苦难的历程》里写，成长需要经历这样的磨砺："在清水里泡三次，在血水里浴三次，在碱水里煮三次。"

积善之家终于苦尽甘来，养父的身体慢慢康复了。养父母永远不会像北野武那样说出"虽然辛苦，我还是会选择那种滚烫的人生啊"，但养父母凭着与生俱来的吃苦耐劳，起早贪黑，并且爱干净、动作麻利，炸的油条又干净又蓬松，一年后他们家就翻身了，所有外债也还清了。

日子变得明亮起来。

毕业后鲲妈顺利进入乡镇的事业单位工作，生活安逸但收入微薄，但她意识到随着岁月的流逝，父母的背越来越不挺拔了，心里总有个声音在敲打着她，她不仅要肩负起给父母养老的重任，而且要让父母的老年生活更幸福更滋润。

就这样，二十出头的她勇敢地辞职下海，再次出发。

长达数小时的访谈，鲲妈有一种安于天命的平静，没有一句唉声叹气的幽怨，也没有如释重负的长吁短叹。相反，童年的贫寒、少年的粗粝、创业的艰难都在她"也无风雨也无晴"的叙述中落幕了，她爱把眼睛笑成一条缝，听的人也觉得那仿佛不过是一段温柔的浮云旧事。

18岁，鲲的高考录取通知书来自一所双一流名校，可喜可贺，可是薄薄的录取通知书背后却饱含着更丰富的细节。或者说，正是这些点滴细节促成了鲲拿到了名校录取通知书。鲲的姥姥姥爷不会引经据典，没有警句迭出，他们如同这片皇天后土哺育的许多淳朴百姓，像一潭深水一样平静地接受命运，善良、本分、坚韧，辛劳地付出，以本真的呵护疼爱、守护鲲妈成长，确立了家风，赓续传承，鲲也因而受益无穷。这个三代人的家庭，两代父母给予孩子健康成长、乐观向上、勤奋努力背后有着共同的逻辑——一切基于爱。温润有爱的家庭氛围，滋养着家庭的每一个成员，让人安心愉悦。家应该是孩子安全的托底，帮助孩子发展出健康的身心、健全的人格、奋斗的精神，给予孩子原动力和支持，让孩子充满能量以及与不确定性安然相处的能力和心态，即使处在低谷，也能得到慰藉和希望，从而焕发出克服困难重新出发的勇气和力量。这一切远比上一所什么样的大学对一个人更重要，没有一所学校、一次考试能必然决定一个人的人生幸福和成就。

一家三代间相互珍爱体贴、暖暖融融，是鲲的大学录取通知书外，这个家庭在生活中共同收获的高分成绩单，难道不让人羡慕吗？

这就是为什么不惜用这么长的篇幅，通过细节的支撑讲述鲲妈与养父母故事的原因。

余韵

和鲲妈约了一次晚餐，不经意间发现一个小细节，依照惯例烤羊肉串中间有一块肥肉以增香，多数中年人虑及体重或三高，都将这块肥肉弃之不食，被身材焦虑、年龄焦虑捆绑的女人尤甚。鲲妈没这样做，节俭的美德，毫不矫情的坦然，让人很熨帖很温暖。

夜风吹来，市声喧哗，车水马龙，熙来攘往，被各种压力和欲望裹挟的都市人南来北去，各奔东西。不期然一个念头涌上心来，做她的闺蜜一定很温暖很疗愈吧……

"余光"和"暖光"
中养成宝藏女孩

家长经验帖：

　　坚持让孩子做自己喜欢的事情，在一遍遍的重复中，把一件事情做到极致，让孩子早早地知道重复学习的力量。

　　不要害怕孩子叛逆，越往后推迟叛逆期，家长的影响力越小。

　　用"余光"去观察，用"暖光"去照耀，让孩子在可控的范围内最大程度地独立解决问题。

　　践行"三喻文化"，倡导小辈向长辈学习，长辈反过来向小辈学习，同辈之间互相学习。

　　家庭教育最重要的是品格、性格、体格和美的教育。

"余光"和"暖光"中养成宝藏女孩

之前模糊地知道卓卓是很优秀女孩，本科入读复旦大学中文系，硕士在香港大学就读，如今在剑桥大学东亚系攻读博士。但是，访谈卓妈的计划一直被搁置了。

一天，翻阅卓妈的朋友圈，发现了卓卓的社交媒体号，立刻被其精彩的内容吸引。卓卓自称"爱跳舞唱戏的野生绘画人，有个复古的灵魂"，她的素描作品生动传神，画中的黛玉、宝钗等人物神采奕奕、娇美可爱；她在剑桥的舞台上唱的昆曲和表演的舞蹈《洛阳旧事》也颇有专业韵致。如今大多数孩子的戏曲素养几乎为零，卓卓却能精彩演绎京剧和昆曲，这样一个宝藏女孩是怎样长成的？

带着发现卓卓的惊喜，我们立刻联系卓妈定下了当面访谈。卓妈从一个普通大学的英语专科生，不断晋级，在 34 岁那年获得重点大学的英语专业硕士学位，成为大学英语老师，40 岁又考取了博士生，她自己的经历也很励志。在访谈中，不管说起卓卓小学时的叛逆和后来不断带来惊喜的成长，卓妈都轻声道来，透露着沉静之气。

问：卓卓钟爱京剧和昆曲，民族舞和绘画也习练得活色生香。在学业非常紧张的情况下，她是如何做好平衡，把艺术玩到专业级

的？这对她精神世界的丰富和饱满以及走向剑桥有何价值？您又是如何将她培养得如此多才多艺？

卓妈：卓卓小学阶段只上了琴棋书画之类的美育辅导班。她学了一年的电子琴，她习惯一首曲子不停地练习，弹熟练之后，再去弹奏下一首，渐渐地她会唱的一些歌曲也就能弹奏出来，大学期间甚至尝试作词作曲。她4岁开始学了简笔画及水粉画，小学6年级学了半年素描，初一跟一位专业画佛像的老师学了一年综合绘画，高考结束后，又跟着这位老师学了半个月的工笔画，打下了画细节的基础。在大学期间，每个学期坚持选修美术课程。学舞蹈是因为卓卓3岁时来济南后，经常生病，为了增强体质，跟柳子剧院的一位民族舞老师学习，后来又紧跟着专业水平很高的金老师坚持学到了6年级，高三的时候又重新拾起舞蹈并一直坚持到现在。

卓卓从小受姥姥的影响比较大。我母亲在卓卓的成长过程中参与度最高。那时她年岁已大，不能带着孩子走太远的路，所以我经常见到的画面之一就是我母亲拿着一支笔给卓卓画画，卓卓则专注地看着。虽然母亲的画作简单拙朴，但是祖孙俩一起专注做事情的画面很美，我至今深深怀念。第二个温馨画面是我母亲经常请卓卓给她弹《梁祝》那首曲子，卓卓很孝顺，为了弹好就一遍遍地练习，所以我经常会见到卓卓一边弹着琴，一边和姥姥大声唱《化蝶》。

我母亲有一肚子的老故事，我们家所有孩子都深受母亲的影响，那些故事很特别也很珍贵，有的在县志里都找不到，却凝聚着民间智慧，百听不厌。莫言说一个孩子倘若能有一个会讲故事的姥姥是幸福的，我女儿恰巧拥有了这份幸福。

卓卓刚开始学琴、学民族舞的时候，差不多都是班里最差的，但练着练着她却能脱颖而出，而且到现在都一直坚持着，还学会了戏曲表演，成为自己专业之外所擅长的美好事物。卓卓学这些没有特别的技巧，只要有一个亲人在孩子的启蒙阶段能长期地陪伴，不厌其烦地坚持让孩子做一件她喜欢的事情，然后告诉她一遍做不好就两遍，两遍不行就三遍，三遍不行就五遍，五遍不行就十遍，如果还是不行就感受一下第一百遍的神奇，孩子就会早早地感知重复的力量。后来，她曾把《红楼梦》读了九遍，现在在剑桥大学她尝试把《红楼梦》的某些场景翻译成英语来教一些本科生，并用素描的方式画出里面的人物，如今已经完成《金陵十二钗正册》。

　　卓卓从小喜欢传统戏曲。尽管同龄人中同好者寥寥无几，但她仍希望有朝一日能让这些极有韵致的艺术再度流行。大一入学，她加入了复旦大学余音社（学习京剧和昆曲的学生社团），因为有学民族舞的功底，面试的时候老师就很兴奋，说多年来终于找到可以演武旦的人选了。在学校及社团的支持和资助下，卓卓有幸得到上海戏剧学院的梅花奖得主王女士的定期指导。卓卓比别人要多练好几项功，每周从位于上海东北的复旦大学到西南的闵行区莲花路上的上海戏剧学院，坐车来回要两个小时，她系统地学习了京剧，后来还成为余音社的社长。卓卓跟王老师学的第一出戏是《杨门女将》中的《探谷》，饰演穆桂英，扎靠旗，拿白缨枪，一身行头少说也有二十斤重。大一暑假，卓卓在全国高校京剧演唱比赛中获得了全国二等奖。第二年，她开始学习昆曲《扈家庄》《出塞》。

　　除了戏曲，画画也是卓卓不可或缺的艺术养料。进入复旦大学后，卓卓每周旁听中国新水墨艺术家王老师的素描课。在他的引领下，卓卓渐渐对中国艺术史有了系统的了解，绘画技巧也大有长进。在复旦大学开设的优质学业课程之外，卓卓始终不断提高自己的艺术修养，在大学期间得到了多方面的发展，也为以后申请世界名校提供了多元背景。

卓卓学习累了就画幅画、跳跳舞来调剂一下自己的生活。孩子的一生如我们一样，也有各种不容易，要及早建立自己的精神后花园，危机来临时，躲进去安静一会儿，休整一下再继续前行。而且，多学科及跨学科研究是未来的发展趋势，多元背景也是被世界名校录取的一张不可或缺的王牌。另外，这些爱好如今也成了我和孩子互动的载体，每年我过生日，卓卓总是以我为内容画一幅素描表达心意，把我画得年轻又漂亮，而已经有稀疏白发的我戴着老花镜看着画面回忆起曾经的年轻时光，心里充满甜蜜。闲来无事，信手翻翻卓卓的画，无比感动、幸福。想想孩子，再艰难的日子都能过去。我从她进大学开始，也每年在她生日这天画一幅喜鹊送给她。爱让彼此变得越来越好。

卓卓小时候的偶像就是奥黛丽·赫本，为此画了许多赫本的肖像画。在卓卓大学毕业典礼上，大屏幕上出现了采访她的画面，她说希望自己年轻时携中国文化走遍世界，暮年时以赫本之心回报祖国。那一刻，我真的是热泪盈眶，这是她对于美好与责任的诠释。如今她学习之余勤学苦练，在异国他乡一板一眼地守着自己的兴趣和爱好，在剑桥春晚上演唱昆曲《牡丹亭》，带着小伙伴们一起在剑桥东方舞社表演古典舞《放灯行》。看到卓卓在默默践行自己的初心，有条不紊地实现着自己一个个小小的梦想，我心底无比安定、温暖。

问：卓卓是个既有天分又勤奋的孩子，在成长过程中是否遇到过让您忧心的事？

卓妈： 卓卓上高一的时候曾在一篇作文里写道："我的青春始于小学。一度疯癫癫，二度金灿灿，三度路漫漫。"她小学时特别调皮，所以说"青春始于小学"。那时因为她犯的一些小错误，我被老师多次叫到学校。记得有一次我刚被班主任叫去谈话不久，正在省图书馆查资料的时候又接到了她语文老师的电话。当时我觉得特别绝望，双腿酸软无力，后背直冒汗，用发颤的声音问老师："孩子又怎么了？"老师让我回去看看她的作业，问我是不是不太检查孩子的作业。我才想起那些时日因为忙着写硕士论文，没时间去管孩子的作业。回家后发现她的作业前后差距太大了，写到后面就字迹潦草，有时一整页就写一个大大的字。那一次我非常生气，严肃地批评了她。事后，我非常认真地跟孩子爸说，卓卓画画不错，有审美眼光，别太苛求她了，以后若是不想读书，就培养她自己创业开个花店什么的吧。

可卓卓在经历了三四年级的小叛逆之后，越来越爱读书，吃饭的时候也书不离手。再加上学校老师的及时引导，原来不太好的朋友圈也做了改变，到六年级的时候她就在校报上发表文章了，她画的每一幅画都得到了老师和朋友的赞赏和喜爱。所以，我家孩子的点滴进步除了我母亲老故事的启蒙，就是学校教育的"润物细无声"了。后来跟闺女聊天，她告诉我好多她小学时候的"冒险"和"探险"，每当这时，我都深深自责，她却轻描淡写地说："谢谢妈妈早放手。"所以，后来每当面对因为孩子叛逆而焦虑无奈的家长，我都会劝慰他们不要害怕孩子叛逆，早叛逆早好，小学不叛逆可能初中叛逆，初中不叛逆可能高中叛逆，高中不叛逆可能大学叛逆，大学不叛逆，走向社会可能还要经历这一段，而越往后推迟叛逆期，家长的影响力就越小。明白了这一点，就不会再害怕孩子叛逆。孩子的叛逆其实是在告诉我们，他们已经有了自己独立的思考，他们需要表达自己，发出自己的声音。这时候家长不要想着把孩子的行为硬掰过来，而是选择用眼睛的"余光"看孩子慢慢成长，不是原则性的错误，选择视而不见，攒到一定程度，谈上一次，往往能谈到点子上，孩子也比较服气。另外，在孩子叛逆期，一定要给孩子"暖光"教育，不要和孩子对峙。只有当家长软下来、暖起来，孩子才能释放天性，发挥自己的想象力和创造力。在对峙的局面下，孩子在学习上要进步和突破就太难了。

小学阶段，父母是孩子的"导游"和"灭火员"，教会孩子认识大自然，引领孩子进入阅读的空间，在大自然和书籍中见识美妙的世界；因为孩子这一时期懵懂无知，会犯下一些小错误，我们也得跟着赔礼道歉，做合格的"灭火员"。

卓卓小学时名次好的时候能在班级里排第五六名，差的时候也排到过十几名。小升初时，经过一个月的备考，考入本市最好的大学附中。入学时名次不是太亮眼，后来一直稳步上升，经常名列年级第一。在这个过程中，我们和孩子一样经历了一些艰难时刻。其实经常考年级第一，孩子也会有压力，因为会有人问她如果下次考不了第一怎么办？所以，当她有一次考了年级第二的时候，我们舒了口气，拍着她的肩膀说："恭喜你考了年级第二，当第一名孩子的爸妈也太不容易了。"哈哈大笑之后，孩子彻底明白了我们对她的期待："我们不苛求将来你能飞多高，我们只关心将来如果生活把你打趴在地上，甚至还有人在你身上蹦几蹦的时候，你还能不能再站起来。"

卓卓上高中的时候，每次考完试都要找我深聊，她知道成绩后，哪怕再差也能接受，但是刚考完时会有点心情不好。她告诉我其实学习好的孩子非常不容易，也容易产生心理问题，毕竟谁愿意看到自己的成绩从榜单前列落到后面呢？这种时候我就很有仪式感地做一大桌好吃的菜，吃完后，跟她聊，聊的过程中我会把最坏的结局告诉她，也给她最好的鼓励。她很感激我能在这样的时候陪她聊天，最后总能脸上重现光彩，如释重负，这个时候我们会拥抱着互相拍拍后背，一切重回幸福和宁静。这一刻，我的心情总是既沉重又欣慰，作为母亲被孩子需要着，要做好孩子的"避风港"和"陪伴者"，也要做个合格的"管道疏通工"，输入温暖，输入耐心，清理出焦虑和不安，陪伴她获得平静、信心和快乐。

孩子这一生遇到的沟沟坎坎不会比我们大人少，我采取"余光"和"暖光"策略，看她一路跌跌撞撞相对独立地成长。她独立但不孤单，因为孩子知道，冷暖自知的世界里，我们的爱永远在她身旁。

另外，因为我感激母亲一直用她的善良给我们留面子，所以我也学会了给孩子留面子，再生气也不当众说孩子。记得第一次因为卓卓犯错误我被老师叫去谈话，回家路上我牵着她的手，一言不发。到家后，我特地避开家人，单独到一间屋里和她严肃地进行了交流。这一些，孩子还曾在作文里写道感谢我给她留面子，每次跟妈妈聊完天，写完心得体会，再吃顿美食就又能满血复活，快乐向前了。

还有一件事情，当时也曾让我特别焦虑。卓卓考入高中后，高一时成绩并不突出，高二分科后稳步上升，进入班级前三名。这时候她突然提出不想住校，理由是特别喜欢英语，但是如果住校听英语及大声朗读都会影响同学，所以要转回学校本部上学，因为不用住校。那时候卓卓上的分校是学生和家长们都很向往的校区，加上班主任老师也想留住孩子，所以我们再一次被叫到学校。我们和班主任老师都反复劝说她，可是孩子态度非常坚定，无奈最后还是选择尊重孩子的意愿。但我跟孩子约定：第一，转回去不能再反悔；第二，我们不会开车接送她上学和放学。从家到学校需要转两趟公交车，单程耗时 40 分钟左右。她合理分配时间，利用等车、坐车的时间记忆知识点。就这样，她的成绩不但没有下降，反而稳步上升。多年以后我才发现她执意要回校本部上学只是为了陪伴我，因为那时候我母亲刚刚去世，孩子爸爸创业的公司又在外地。母亲生前常年跟我们住在一起，她走后，家中只有我一个人，倍觉思念和伤感。虽然这一点我和孩子彼此从没有点破，但每每想起，我都感动不已。所以，焦虑无意义，顺其自然，看似蜿蜒崎岖的路里，也会蕴藏着格外独特的韵味和芬芳。

问：卓卓在不同阶段有什么样的目标？是什么时候对自己的人生有了较长期的规划？其间曾遇到怎样的困惑？

卓妈： 定目标是我们家比较注重的事情。孩子的目标不仅是考上理想的学校，能支撑她走进世界名校的动力也应该有她自己对未来的规划、对世界的小小奉献之心。我只说说她在学业上的目标规划吧。我们的规划始于小学六年级，现在来看算是晚的，但那时候她刚刚度过小学的叛逆期，一切也是机缘巧合。小学升初中，我和孩子定了个目标，尽力考取本地重点大学的附中或外国语学校，卓卓两所都考上了，但分数都不惊艳，最后她选择了大学附中；初中升高中的目标是以高分冲进省实验中学，也实现了。大学定的目标是北大中文系，后来上的是复旦大学中文系。硕士定的目标是牛津、剑桥、哈佛或香港大学，大四上学期她放弃了北大的保研，但当年只有哥伦比亚大学、芝加哥大学和香港大学来了录取通知，而且都是大四下学期的三月份集中来的通知，所以当时承受了一些压力，我一直跟孩子谈论 Gap Year（间隔年）的事情，怕孩子定的目标过高而轮空。后来孩子告诉我她要在亚洲读完硕士，再出国读博士，于是选择了去读香港大学的研究型硕士。博士定的目标是牛津、剑桥和哈佛，卓卓幸运地被剑桥大学、UCSB（加州大学圣芭芭拉分校）和香港大学录取，最后选择了剑桥大学。孩子每走一步虽然都有目标，但是从没有以"苦大仇深"的方式去实现，因为每次我们都有个最低目标去托起孩子的梦想。

孩子从升入大学附中就开始对自己的未来有了清晰的目标。学校会让孩子把目标写下来，用存档的形式鼓励孩子敢于梦想。家长也配合学校建议孩子定下一个高目标，因为目标决定我们将会成为什么样的人（Goals determine what we are going to be），这也是我送给我家及周围朋友们孩子的一句话，因为《易经》里有句话"取法乎上，仅得其中；取法乎中，仅得其下"。但是，高目标可以拐着弯地去实现。本科实现不了，硕士去实现；硕士实现不了，博士去实现；博士实现不了，工作以后再慢慢实现。实际上，这样把目标简单化后，反而更容易实现。我们告诉孩子高目标只是一个符号，退一步也不会差到哪里去。目标犹如灯塔，让我们在风雪夜里依然有盼头和希望，也能眼睛闪着光地前行。后来孩子跟我们说，非常感谢爸妈的建议，因为这让她在英语学习上永不停歇，从而能拿到雅思8分的好成绩，通过了非常重要的语言关。

在孩子求学的过程中，我们也遇到了一些困惑，比如卓卓刚高中阶段选文理科的时候她坚决要选文科，其实她那时候理科也很好。因为她的英语成绩一直很突出，我们曾建议她考外语类学校，但孩子一直很坚定，就是要读中文。我们也就没再坚持。另外进入高中后，我们也曾想去国外留学这条路，但因为孩子的成绩和状态都很稳定，她的目标是北大中文系，就全力以赴走国内高考的路了。在培养孩子成长的路上，每走一步似乎都面临着两个或更多的选择，困惑时时有，但直觉和尊重会帮助我们做出正确的选择。我们没有太刻意去规划孩子的人生，只是定了个模模糊糊的目标，孩子以一颗不功利的心，保持着对中文的天然及执着的热爱，这份热爱及坚持，让孩子拥有了这份幸运。

问：在卓卓的学习和目标规划中，您主要起到了什么样的作用？

卓妈：我的作用主要是配合学校，做孩子的建议者和引领者。虽然我是英语老师，但并没有对孩子进行超前英语教育，而是始终把中文学习放在第一位。如果说孩子如今在中文学习方面有所收获，那就是我遵从了孩子的天性，并结合语言学习的特点和规律，奠定了她的自信，给了孩子语言学习中最珍贵的一份礼物。外语学习和母语学习虽然不冲突，但在整个小学阶段，尤其是三年级以前，若本末倒置，没有辅以大量的中文阅读，打不好中文的底子，以后想来会是个痛。有的孩子从幼儿园就开始学英语，太早了！

小学阶段我没有对卓卓进行大量的外语超前教育，但还是精心挑选了12首英文歌曲和几篇朗朗上口的英文短文，让她能做到表演背诵并演唱。初一下学期开始，我系统地领着卓卓阅读了《书虫》及英文报纸，但我每次都是陪她精读几本，其他都是她自己一本本地读下去，有时候她两个半小时就能大声朗诵出一本《书虫》。家有琅琅读书声时我总会觉得感动、幸福而安宁。卓卓上高中的时候我又把托福听力材料给她，早上她会提前20分钟起床，每天一篇托福听力，无论多难，都去攻克。我曾经当过七年高中英语老师，深知语法的重要性，高一卓卓系统掌握了英语语法后，阅读面进一步扩展。高三时我给过她一本四级真题集，后来我整理资料时，发现她把我给学生讲课用过的一本六级真题集也密密麻麻地写满了答案，一道题也没漏掉。她每天洗漱的时候还看英文情景喜剧《查莉成长日记》，台词都背下来了，还一遍遍看，每一次都哈哈大笑乐得不行。

她刚上初中我就很有仪式感地给她买了个新书包，带她去新华书店买了各科教辅材料，然后告诉她我已经无法辅导她的功课了，从此以后她要善于利用无声的老师。大学附中预习资料也给得特别到位，加上自己买的教辅书，她便如虎添翼。辅导书里有知识点的梳理，有思维导图，加上适当的习题训练，有助于对知识的整体掌握。其实，整个初中知识体系比较简单，任何时候任何人只要想学习，发力三个月就会有逆袭的机会，但是要想拿到超高分数不是件容易的事情，需要恒久的努力和耐力。

后来我经常让她自己去书店买书，每次回来她都特别兴奋。另外，我们家离省图书馆很近，我在那儿学习的时候，有时候会带着她，我想爱读书的她面对浩如烟海的藏书，一定会有一种崇敬和满足感吧。

我们总是鼓励孩子大胆尝试，在学习上敢于犯错，从错误中不断学习。我们也让孩子永远和自己的昨天比，不要跟别人比。除了定个高目标，我们送给孩子的第二话就是：你以前什么熊样不要紧，要看你将来什么牛样（It doesn't matter what you used to be，it matters what you are going to be）。鼓励孩子随时调整脚步，允许孩子失败，告知孩子人生中的"熊样"和"牛样"都是自己，不可能时时事事都"牛"，也不可能事事时时都"熊"。作为家长，我用自己的直觉和所长给孩子建议，我自己很忙碌，对孩子也没有过高的期望，孩子却给了我一个又一个惊喜。很幸运孩子在每一个学习阶段都入读非常棒的学校。我们选择紧跟学校脚步，即使发现了孩子的潜质，也没有过度去开发。只是在关键处听从孩子内心的最强音，再给出相应的建议。所以孩子总是自己乐于去学习、去探索。

这些年从事教育工作，我从许多孩子们身上学习到很多，他们的坚强乐观给我留下了很深刻的印象。比如"攒人品"这个词语，每当我问孩子们这次考试考得咋样，若是考得不好，他们就会嘿嘿一乐，摸着脑袋告诉我，这次就算"攒人品"了；若是考得好，就告诉我，这次"人品大爆发"了。不管考得好或差，我都恭喜他们，哈哈大笑一下，孩子的压力就会顿减，然后轻松进入下一轮学习。因为孩子们都知道我送他们的一句话，这句话曾经在我考研时深深激励过我：我坚信我的耐心、恒心以及不辞辛苦的努力总有一天会得到回报的（It is my belief that patience, perseverance and painstaking efforts on my part will be duly rewarded）。我高中毕业上的是一所普通大学的专科，后来在另一所普通大学拿到本科文凭，当我准备考一所重点大学的研究生时，周围的人都劝我别考了，没有希望的，但我坚持目标就要定得高一些，敢想敢拼，结果真的考上了。

问：在卓卓的成长中，是否还有其他人和一些重要事件对她的目标和规划有重要影响？

卓妈：有很多。比如我的博士生导师一家，师母给了孩子无微不至的关怀，我导师给了孩子最大的耐心和榜样的力量。卓卓在大学附中读初中的时候，春节期间学校布置了一个作业，要求采访大学离退休人员或在职大学教授，她没告诉我就自己带着一帮小孩去了我导师家，回来后很兴奋，说采访很正式，同学们很受益，长大了要做我导师那样的人，可以满世界去讲学。当时我心里暗笑，但还是非常认真地跟她分析未来的可能性，告诉她超越我导师挺难，但可以试试看。

另外历任班主任及任课老师都对卓卓产生了很大的影响，我心中的感激一天也说不完。单就她所选的专业来说说她初中和高中的语文老师对她的影响吧。两位老师教给她很好的读书方法，让她在每本书上都留下文字感悟，进行眉批和侧批等，有时候卓卓写得密密麻麻的，令人动容。她的读书笔记都是有感而发，不是单纯为了完成作业，老师也特别鼓励她，经常画出一连串的圈儿，然后很真诚地写道："这个地方你写得太棒了，老师抄下了，学习了。"每当看到这样的评语，我总是想，遇到这样的语文老师，孩子真是太幸运了。

准备考大学的时候，孩子得到了北大的单招机会，又感觉心里没太有底气，想走舞蹈特长加分的路子。后来学校和师妹都向我们推荐复旦大学的"博雅杯"项目，该项目招收文史哲特长生。当时是以冬令营的方式进行选拔，要求现场写两篇作文，最后卓卓竟然取得了初赛第一名。女儿不功利的学习让她有了这个福气，因为当时来自全国各地的学生中，有的已经出了五本书，有的在报刊上发表了多篇文章，还有的是"新概念作文大赛"一等奖获得者。第二天的写作考试是进资料室，根据自己选中的书结合资料室文献，进行连续七个小时的写作，中间连午饭都是送进去吃的。我记得前一天夜里我略感抱歉地对女儿说："这些年光忙碌，没能扶你一把，咱考上的可能性不大，就当来玩了一趟，你要是考上了我就从复旦大学光华楼草坪前从这头滚到那头。所以你就放开了写，不过记得要以小见大。"冬令营、夏令营等方式以及现在的"强基计划"给了有学业专长的孩子们更多机会，家长们一定不要太功利地去刻意帮扶，也一定不要嫌麻烦，随缘即可。梦想总是很神奇，有时候真的是说着说着就实现了。

但要说对她现在的专业选择以及研究兴趣有重大影响的，应该是她在复旦大学学习期间坚持系统地跟王老师学习京剧表演。另外在香港大学期间她的硕士生导师在明清女性文学研究方面有很深的造诣,导师待人温和有礼,给孩子树立了做学问、为人的榜样。女儿的硕士论文得到了导师及这个领域专家的好评。2020年夏天,我去香港参加她的毕业典礼,她的导师的真诚和美好给我留下很深刻的印象。

问:您认为家长的认知水平对孩子的成才有什么影响?您和孩子之间的关系是怎样的?

卓妈: 家长的认知水平和教育理念对孩子的成长是有很大影响的。这跟家长的知识水平没有绝对关系,却和家长对待孩子的方式有很大关系。如果家长的期待不要那么高,不拿自己的孩子和别人比,而是日日发现孩子的闪光点,抓住闪光点发掘下去,并且耐心地等待孩子成长,孩子反而会慢慢带给家长惊喜。如果家长的眼睛只盯着孩子的成绩,往往事与愿违,最后甚至演变成一场灾难。家长能以一颗平常心对待孩子,孩子反而会因为有了反思自己的机会和时间,从而变成我们希望的模样。

我的孩子出生在一个普通家庭。孩子爸爸大学毕业后,先是在合资企业工作了十年,后来辞职自己经商,运营一家纸业公司和一家教育科技公司。我在家乡一所重点中学教书七年,31岁时考入一所重点大学的外国语学院,主攻英语语言学与教学,34岁获得硕士学位后,成为一名大学英语教师。为更好地陪伴孩子成长,我做了两件事情:第一件是40岁去读博士;第二件是辅助家人创办教育机构,倡导小辈向长辈学习,长辈反过来向小辈学习,同辈之间互相学习;爱生活,爱朗诵,爱上自己的声音。

另外,我们每周都要找时间和孩子一起去探索大自然,南部山区是我们全家和朋友们的后花园，在那里，孩子们和我们一起相伴成长。对于学习刻苦努力总想更完美的孩子来讲，他们的精神压力很大，自我内卷严重。这时候，兴趣、爱好及户外活动对于他们就是一种救赎。初中升高中的时候，卓卓因为没有进行过奥数方面的专业训练，与省实验中学的推荐生失之交臂，中考却以高分考入。卓卓在学校里得到了足够的尊重和自由，所以始终能拥有一份愉悦的心情，带着信心和勇气去追求自己的梦想。虽然高一也经历了一些波折，但迅速调整，并最终考入了复旦大学中文系。

人都有自我纠错的能力，经历阵痛之后，只要孩子善良有孝心，这孩子的一生就差不了。我们作为家长应该不断学习、成长并和孩子建立一个共情的世界，你的艰辛她懂得，你的美好她记得，你的努力她看着。细节化的东西会感动孩子一生，用磨具去打造孩子是没有意义的。我们只管尽最大努力向自己的亲人及这个世界的陌生人释放美好，就足够了。

当孩子有特别坚持的事情，我总是表明自己的观点，摆明事实和道理，然后尊重她自己的选择，争取最大程度求同存异，抓大放小，用幽默去化解一切。如果孩子说的有道理，就很真诚地对孩子说："妈妈受教了。"目前我们和孩子的关系是朋友的成分多一些，我们经常分享一些生活中的小惊喜和小烦恼，聊完就沉静自得。

因为孩子读书较多，又养成了大气的性格，所以会很温和地同我们讲话，或有礼貌地建议我们去做些对自己身心都有益的事情。初中阶段因为大学附中各方面都引领得特别好，女儿又格外努力，学习成绩和其他方面都很优秀，这个时期我突然不知道该怎么陪伴女儿了，后来我与女儿讨论，女儿告诉我该多读汉语书籍，我的世界不能只有英文。那几年是孩子鼓励我去奋斗的，我考了两年的对外汉语博士，虽然失败了，但对我后来考英语专业的博士还是起了很大的作用，我也终于理解了导师说的那句话："中文功底决定你的英语学习能走多远。"所以，在女儿上初中阶段，我们就是挑战路上的"同行者"。

问：家庭生活琐碎、复杂，家庭教育似乎也头绪繁多，您感觉家庭教育应该包含的重要内容有哪些？

卓妈： 在我们家，学习永远是主旋律，因为每个人都很享受读书学习的过程，但是在实施的过程中，学习其实是被放在第三位的。我们家首先是强调注重身体健康，要吃好，锻炼好。其次是精神愉悦，家中要有笑声、有娱乐活动。再次是强调终身学习。我们从未因为孩子考得不好而责怪孩子，因为那时候孩子自己就已经很难过了，我们不能雪上加霜。记得孩子小时候，孩子爸爸对我说："咱们不必对孩子太严苛，他们这一代都有大学上，未来比的是素质。"因此，我认为家庭教育应该包含品格、性格、体格和美的教育，具体体现在以下几个方面。

家庭教育首先是品格教育。我们从小告诉孩子要有家国情怀，要有所为有所不为。人生要有目标，可以设定一个高目标，哪怕遇到波折也要朝着这个目标努力。不怕走弯路，但如果有多条路可以选择，我们要走中间的那条正道。

家庭教育要包含逆商教育，打造孩子的抗压能力。不替代孩子做某些事情，让孩子大胆去做，让孩子自己去领悟。孩子不断受挫，我们不断鼓励，孩子不断重复，我们用"余光"去看，不过多去干涉、指导。孩子在不断犯错纠错的过程中，会不断进步。孩子会自己总结：原来这事情没有那么难，只不过需要再坚持一下，再努力一点。而这过程，我们不是严苛地袖手旁观和冷嘲热讽，而是云淡风轻，自己忙自己的，每天给孩子微笑、有力量的拥抱和温暖的鼓励。

家庭教育要有"善"的教育。换句话说，就是行为习惯的培养。明确告诉孩子"日行一善"的重要性，在犯错误的时候，告诉孩子"不以善小而不为，不以恶小而为之"。让孩子学会与人为善，明确告诉孩子我们的家风就是"与人为善，吃亏是福"。

家庭教育还要有"美"的教育。我小时候受母亲影响比较大，那时候物质贫乏，但母亲善于有限的东西创造出无限的美感。我家院子里有一棵遮住半个院子的梧桐树，春天来临，满树淡雅的紫花倾泻而来，树形美丽，花势格外壮观。母亲还在院子四角种上木槿、石榴、桃树、杏树、樱桃。院子的西墙边有一排水泥台，上面摆满了花花草草，后来我的发小告诉我，我家的小院是她童年最美好的记忆。我女儿这一代，住在钢筋水泥的高楼里面，似乎这一切都离得太遥远了，但她上小学六年来，几乎每个周末我们都会安排户外活动，哪怕只是开车去南部山区转一转。让孩子亲近大自然，感受自然风光的美，对她的成长非常有帮助。孩子上了大学之后，我们还共同订阅同款时尚杂志，有时候互相分享美食和穿衣打扮的心得。通过这些看似不经意的美的教育，孩子能做到学习不枯燥乏味，劳逸结合，提高学习效率，提升生活质量。除了接近自然、领略自然美的教育，我还培养她通过学习一门绘画、一样乐器、一种运动并坚持下来。练习体态美、语言美、心灵美，最终能欣赏美并表达美。

我认为孩子的成功是带着自信，通过爱心、耐心、恒心和用心得到了自己心心念的东西，而这心心念的东西，首先是利他，如果能这样，可谓第一层面的成功；其次也利己，这算是第二层面的成功。两者若能结合堪称完美，若是不能结合取第一层面的成功即可。这个顺序不能变。

在我和孩子眼里成功跟名校和金钱没有太大关系，却与爱的能力有关。真正的成功应该从多个领域多个层面去衡量，平实的成功一定装着对家人的爱，最高层面的成功应该装着对全人类的爱。想为这个世界做点什么，留下点什么，应该是每个人都要思考的问题，这绝不是好高骛远、不切实际的想法，相反，这恰恰是孩子突破自己的局限的良好开端。每一个孩子的梦想都值得我们好好保护，并真诚地鼓励。我对孩子的要求是先好好爱自己，然后才有力量爱家人和他人。成功不远，日日努力，日日有成就感。成功不晚，精诚所至，金石为开。

问：回顾一下孩子的培养过程，您认为其中有什么遗憾的地方或走过的弯路？如果可以重来，有哪些可以改进？

卓妈： 在孩子成长的过程中，我们给了孩子很多的选择自由。让孩子随着学校节奏夯实基础知识，我们所做的就是在此基础上拓宽孩子的知识面，提升相应的难度。最后我们特别注重培养孩子的深度自学能力，有需要的时候我们就给出建议并提供特定书籍，然后假装不闻不问，大胆放手，同时我们等待孩子带着问题来找我们，这样就做到了不去"喂"孩子吃东西，而是让孩子主动来"吃"。记得在我读研期间，老师说了一句话："有东西给学生'吃'的老师是好老师，敢于去'吃'老师的学生是好学生。"我铭记在心，这些年在教学工作中也一直践行这一理念，并取得了意想不到的成效。孩子在这一理念下不知不觉中也锻炼了自己的思维能力，同时不断尝到独立解决问题的甜头，从而真正做到了"乐学"与"好学"。

弯路和遗憾的问题，我想每个家长在某个阶段都会有一声叹息，正如我上面讲的一些关于女儿求学中的小故事。但是一路走来，我发现恰恰是这些所谓的弯路和遗憾成就了不一样的自己。所以，走了弯路，留了遗憾，不可怕不后悔不抱怨，看未来即可。在培养孩子的过程中我们作为家长其实可以"懒"一点管孩子，"勤"一点管自己。"懒"不是不管，而是用"余光"去看，用"暖光"去照耀，让孩子在可控的范围内，最大程度地独立解决问题。如果可以重来做一些改进，我想我会更勤一点管自己。

"超常小孩"成长中的"无心插柳"

家长经验帖：

小孩的天性是好奇和喜欢玩耍，带着孩子"玩中学，学中玩"。

与其机械地学习一些所谓教育的小诀窍，更难做到的是时刻耐心地回答孩子的问题，鼓励孩子探索，支持孩子表现自我、表达自我等。

"讲课"是对知识消化、总结、提炼的过程，培养孩子良好的"讲课"习惯。

半"放羊"式的素质教育适合自我规划能力和自控力强的孩子。

孩子有独特的视角和好奇心，也许对处心积虑的引导熟视无睹，却能在"无心插柳"的做法中发现很大的乐趣。

小腾出生在省会城市，上的是普通的幼儿园和小学，但他很早就表现出超强的学习力。随父母迁入北京后，小腾在小学五年级考入人大附中早培班，高考凭裸分进入北大元培学院。小腾很有语言天赋，学习了日语、德语，也喜欢研究古汉语和我国各地方言，课余时间还喜欢作曲之类的艺术活动。

　　一个夏日的夜晚，我们视频连线访谈了腾爸。腾爸曾工作于铁路部门和外企，他温和幽默，回答问题颇有耐心，聊起小腾的成长如数家珍，说起曾经激起波澜的父子间的小冲突，也流露出些许无奈的感慨。

　　问： 小腾上学前，我们曾经带着孩子和小腾一起玩耍。那时没有感觉小腾是个"超常"的小孩，只觉得他做事情挺坚持的，比如两个孩子一起下象棋，我们要走的时候，小腾总是特别恋恋不舍。小腾在小学二年级转学到北京就没有再见过面，听说小腾五年级考入人大附中早培班，后来又考入北大，感觉挺出乎意料的。在小腾的成长之路上，您觉得家庭的引导是"有心栽树"的多，还是"无心插柳"的多？

　　腾爸： 小腾多是"无心插柳"自主发展，自己愿意学习和思考。他很小的时候，曾经对路口的红绿灯特别感兴趣，有两三个月我经常抱着他去看红绿灯，他能问出关于红绿灯的很多问题。小腾两岁的时候对"表"产生了浓厚的兴趣，墙上挂的、手上戴的，圆形的、椭圆形的、方形的，各种表他都好奇，很长一段时间经常缠着我们给他画表、讲表。我们不厌其烦地在手腕上画，在纸上画，告诉他怎样认表，后来就干脆用真表学习。一段时间后，小腾就能准确地读出时和分。他不到三岁入幼儿园时，老师发现他会认表非常惊讶，因为很多一年级的孩子还不能准确地认表到分。

我妈那时帮忙看孩子，她每天喜欢看省内的天气预报，小腾也跟着看，哪个城市后面播哪个城市，我们都记不住，小腾却能记住，我们都觉得很神奇。

小腾大约三岁的时候，我们一起去逛文化市场，那里有很多书卖。他看到小学一年级的数学练习册后，非买不可，结果买回来后做起来游刃有余。

记得小腾9岁的时候，暑假的一个周末，他要跟我到北京理工大学看看我上的MBA课程究竟学些什么。我以为他是想找个理由到校园里去玩耍一番，没想到他很安静地坚持和我一起听完了两节商务英语课和两节统计学的课，而且听得津津有味，以至于我的同学调侃说："交了一份学费，父子俩学习，赚大了。"回家当晚小腾就给我讲起了统计学课上学到的众数与中位数，令我惊诧不已。

孩子对世界的好奇心和主动探索、学习的热情，有些是天生的，但也需要后天的引导。家长如果看到孩子完全没有学习的欲望，需要反思是不是家庭环境、氛围引导做得不够。

小腾的超强学习能力，和他小时候我们"有心栽树"带着他"玩中学、学中玩"有很大的关系。孩子的天性就是好奇和喜欢玩耍，我们让孩子在玩中不知不觉学到了大量的知识。记得小腾三个多月大的时候，我们将家里所有大点的物品名称都彩色打印并粘贴在上面，这样他既认识了物品，也认识了对应的汉字。跟大多数孩子一样，小腾喜欢玩各种玩具，尤其对各种形状和数字、字母类玩具感兴趣。印象较深的是他有一个立体小木屋的木质玩具，小木屋侧面有各种不同形状截面的入口，有对应形状的小木块。小腾那时还不会说话，会指着某个入口发出"嗯嗯"的声音。我们就把小木块放入对应的入口，边放边说："这个面是正方形，这个面是圆形，这是平行四边形……"慢慢地他就能识别各种形状了，经常不厌其烦地玩上一两个小时。一盒木制玩具，有二十七个立方体，每个立方体有一个面是字母，四面是数字及加减乘除和几个图形符号，还有一面是动物、水果或日常用品等图片。我们拿它教小腾认数字、认字母，做"加减乘除"等游戏，一起娱乐。

小腾很小的时候，我们几乎每天都带他出去，无论是公园还是大街小巷，凡是有字的地方，我们会随遇随教，只要他问到的，总是耐心与他交流。日常经过的地方只要有汉字，用不了多长时间，小腾就不知不觉认识了。在外面无论遇到花草树木还是高楼大厦，我们都会随时告诉小腾它们的名字，在公园里经常随手找根木棍或者石子在地上写一些刚刚看到的新鲜事物的名字，如"大树""石头""小鸟"等，并注意对字的拆解和形近字对比。

在小腾还不会说话的时候，我们就让他接触汉语拼音的发音。他初步掌握了之后，就像鱼儿遇到了水，随时可以拿起一本带有汉语拼音的书来阅读，获取知识的能力迅速提高。就这样，到他 3 岁的时候常见的汉字大多都认识了。这时我买了英语入门的光盘，本来没有考虑立即让他学习，担心他把英语字母和汉语拼音混在一起，结果他在试听之后产生了浓厚的兴趣，越不让学他越要学，短短几周就掌握的大多数英语字母的发音，他的语言天赋刷新了我们的认知。当然，孩子学习新知识往往记得快忘得也快，因此不能三天打鱼两天晒网。

我和妻子的父母对小腾的早期教育起了非常重要的作用，他们要么陪小腾读书学习、讲故事给他听，要么自己读书。从小时候的各种婴幼儿读物，到后来学校推荐的《窗边的小豆豆》《平凡的世界》和《乌合之众》等中外名著，我们都坚持一起读，有时还一起写读后感。这样不但在家里营造了热爱读书的氛围，而且经常能建立和孩子讨论的共同话题。

问：听说小腾小时候特别喜欢"讲课"，他是如何喜欢上"讲课"的?

腾爸：从小腾上幼儿园开始，我们就有意识地培养孩子"讲课"的习惯，比如小腾从幼儿园放学回来，我们经常会认真地问他："今天在幼儿园学了什么新知识？你的课本我们怎么看不懂呀？能不能给我们讲讲？"经过一段时间，小腾就养成了"讲课"的好习惯。在他"讲课"时我们会很认真地配合，无论多忙，至少保证一个人按时"听课"，条件允许的话会尽量一起"听课"，还认真记笔记。小腾经常会模仿老师提问我们，还会给我们留"课后作业"，当然我们也会努力完成作业，尽量满足孩子"讲课"的成就感而不是打击孩子的积极性。小腾"讲课"的内容非常广泛，从汉语拼音、汉字、英语字母、英语音标到小学英语和中学英语，从小学奥数到中学的数理化生。讲课的形式也非常多样，从用小黑板、白板"讲课"

到用 PPT"讲课"。他"备课"和"讲课"的过程，实际上就是对知识消化、总结、提炼的过程，这个良好的"讲课"习惯从幼儿园一直延续到他高中毕业。后来我发现这个办法和费曼学习法有些相似，美国物理学家诺贝尔奖获得者费曼认为没有什么神人，在某些方面做得好不过是有兴趣再加上正确的学习方法罢了，他用"学习+教学"的模式来学习和表达复杂的概念，先选择要学习的内容，再尝试给别人讲明白，遇到问题搞清楚，最后融会贯通进一步把知识简化，通过这样的学习可以达到自己深刻理解和记忆的效果。

四年级暑假的时候，我们想找一个辅导机构来帮助提高小腾的英语水平，于是带他到北师大附近的一个机构试听，机构安排了一个研究生和小腾沟通交流以便于了解他的英语水平。出乎我们意料的是，在交流的过程中，小腾给这个研究生"讲了"一个多小时的英语语法，最后机构的校长跟我说："您孩子的水平远远超出我们机构的辅导水平，为了不耽误和影响孩子，还是另请高明吧。"

无论孩子在什么年龄，大人都要充分抓住机会和孩子交流，不要因为孩子小就不注意交流。记得我在备考 MBA 的过程中需要学习逻辑写作这门课程，其间一位授课老师说，他在孩子很小的时候就开始训练孩子的逻辑思考能力，让孩子养成这样的习惯：在向大人提出一项要求时，需要说出三个理由，大人根据这三个理由考虑是否满足孩子的要求。我们吃饭间无意讲到这个事情的时候，小腾非常突然主动地对我们说，好多事情他也能够说出三个理由，这让我真的有点诧异，那时他才 7 岁多一点。在此后的一段时间里，我们经常有意和无意地让他说"三个理由"，这对他的逻辑思维和语言表达能力的快速提升都大有好处。

这些具体的做法对于孩子的成长究竟有多少作用我也不确定，我认为父母与其机械地学习一些所谓教育的小诀窍，更难做到的是时刻耐心地回答孩子的问题，鼓励孩子探索，支持孩子表现自我、表达自我等。这些要求父母要保持很高的热情和耐心，是很多家长难以做到的。不过，对孩子有较高教育热情的家长，往往容易犯过于逼迫孩子、制定过高目标的问题，这一点上我们也有类似的失误。

问：听说北京孩子的家长特别是"海淀妈妈"特别会"鸡娃"，孩子从小就参加奥赛和各种培训班。小腾能考入北大数学专业，是否也从小有奥赛"加持"？

腾爸： 奥数的初衷是为极少数有数学天赋和智力超常的孩子提供超前学习的机会。奥数不仅数学知识超前，数学思想和数学思维也超前。数学是所有理科的基础，国家需要培养具有数学天赋的人才。但是，对不同的孩子，要有不同的策略。

小腾在小学二年级转入北京一所小学后，无论是数学老师还是班主任都强烈建议小腾尽快学习奥数。我们当时并没有听从老师的建议，一是刚刚转学，虽然小腾在小学一年级时成绩名列前茅，但是和北京的孩子相比究竟是什么水平我们心里没底，需要尽快适应新的学习环境；二是在学习奥数之前需要对当前的奥数环境有初步的了解。经过两个多月的适应期后，小腾取得了期中测验全班第一的成绩，我们怕孩子不适应新环境而悬着的心落了下来。另外，我们初步了解到北京孩子学习奥数几乎是"全民皆兵"，简直到了疯狂的地步。大多数孩子从3岁幼儿园阶段就开始报各种奥数幼儿衔接班，小学阶段学奥数的比例更高，小腾所在的班级达到90%

以上，好多连课本的基础知识都还没有掌握好的孩子却去参加形形色色的奥数班，让人觉得既滑稽又无语。我认真翻阅了当时流行的几本小学奥数辅导书，同时试听了几次奥数公开课，发现小学奥数已经涉及初中、高中甚至大学的部分知识点和数学思想，其难度和深度令我这个一直自以为数学还算不错的大学生瞠目结舌。奥数已经"卷"到了令人无法想象的"变态"程度，我们决定暂不参加奥数班，而是先尽快掌握整个小学数学的基础知识。我从邻居家借到了小学数学全套课本并购买了小学数学基础总复习用书，用了一年多的课余时间，在三年级结束之前，和小腾一起轻松学完了小学数学全部的基础知识。

二年级结束的时候，小腾的语、数、英综合成绩一直稳定在班级前三，进入三年级后班主任和数学老师再次提醒小腾该学奥数了，要不就会影响小升初。在经过激烈的思想斗争和分析后我们还是坚持了自己的观点，先完全掌握小学数学基础知识再说。现在回想当时的决定，我们根本没有任何理论依据和实践经验，完全是摸着石头过河进行的探索和尝试。

三年级结束的时候，我们觉得可以尝试学习奥数了，为了方便接送，选择了附近一家普通的机构插班学习，上了两次课，小腾觉得不适应，直接告诉我们不学奥数了，理由是奥数太难太绕了。我们耐心给小腾做工作，告诉他坚持把这十次课上完看看效果，即使考零分也没关系，毕竟之前从来没有学过。就这样小腾坚持了下来，从第三次课开始慢慢适应了奥数学习并产生了兴趣。让我们没想到的是，十次课结束的时候，小腾在考试中取得全班第一。这个培训班里有好多小腾学校的同学，他们从一年级开始就在这里学习奥数，老师对小腾说："你学十次课赶上你同学学三年了。"

既然如此，四年级开学后小腾在原机构坚持每周一次课的学习，并参加了两次奥数性质的比赛，都获得了北京市二等奖。这远远超出我们的预期，毕竟小腾接触奥数才半年左右的时间。

到了四年级寒假的时候，我购买了小学奥数七大模块的网课，小腾很快就被老师风趣幽默的讲课风格吸引，开始自学奥数。他经常一边听课一边制作PPT，我们充当的角色就是在有时间的时候听他讲课，时常有种他是老师我们是小学生的感觉。等到了四年级暑假结束的时候，他基本自学完成了小学奥数的全部课程，在五年级上学期参加的两次奥数竞赛中均获得北京市一等奖，并顺利通过选拔考试进入了奥数集训队。现在复盘回想，小腾听了很多网课，但是并没有进行大量刷题，他能够真正掌握大量的知识点和他爱"讲课"对知识点的消化不无关系。

"也许"有点令人遗憾的是，进入人大附中早六后，小腾决定放弃奥数集训队的学习，主要理由是坚持学习需要大量刷题，占用很多课余时间，这势必影响其他知识的学习和拓展，我们在和小腾沟通后尊重了他自己的选择。这里我用"也许"是想表达我的一点想法，就是在我看来，进入早六之后，除了集训队，在没有参加任何其他辅导班和高强度训练的情况下成绩稳定在班级第一、四个早培班前十的水平，理论上看应该有精力学习奥赛，但这个选择是对是错，根本无法去量化和评价。

进入高中后，初中时早培四个班调整为两个班，一部分同学分流进入了其他班级，小腾留在了早培班，成绩基本稳定在班级前三、全校前十的水平。高一时小腾又尝试参加了物理竞赛的学习，物理竞赛中考察的好多是大学的数学知识，这期间他自学了高等数学的部分课程，并在高二开学之初获得了北京市决赛二等奖。由于同样的理由，他再次决定放弃竞赛，把更多的时间用于学习自己更喜欢的知识。小腾进入大学后，数学成绩中等,这和他高中没更多地参加数学竞赛和培训可能也有一定关系。

孩子在进入中学后,与家长的联系会逐渐减弱,但与此同时相当大一部分孩子可能并没有培养出自我规划、自我控制的能力。在这个时期,家长需要思考如何在"管控"与"放手"中抉择,该如何在给孩子充分自由的同时把握孩子的状况。

问:小腾在小学五年级时考入人大附中早培班,之前是否做了充分准备?早培班的教育有何独特之处?

腾爸: 这个早培班是超常儿童早期培养实验项目,我们之前并不知道,是听从一位家长建议,说可以冲冲人大附中早培班。小腾就读的小学是一所非常普通的学校,我们抱着重在参与和试一试的想法碰碰运气,在网上报了名。先到中科院心理研究所测智商,有七八千人报名,测智商后有两三千人进夏令营。夏令营全程录像,不知道考察什么,可能是看孩子的行为习惯吧。老师讲新知识,然后笔记一收直接考试,看孩子的接受消化能力。面试时父母都要去,第一排孩子,第二排爸爸,第三排妈妈。经过多个环节后,只有一百六十人进了四个早培班,小腾"稀里糊涂"幸运地进去了。

与应试教育相比,早培班更注重综合素质教育,注重知识面的拓展和个性化发展,老师讲课好,气氛活跃,不提倡为了提高应试成绩而进行大量刷题,推荐阅读大量中外名著,给予学生大量自由的时间做自己喜欢的事情,是半"放羊"式教育。这样的培养模式使得孩子不必过早投入应试教育的竞争中。但对于自我意识发展较晚,自我规划能力和自控力不强的孩子而言,也可能错过很多成长的机会,浪费很多时间。小腾在早培期间阅读了大量的中外名著,选修了德语,自学了日语,但与此同时由于自我规划能力不强,在这样的环境下也错过了很多机会。但他课内成绩一直保持得不错,这已经大大超出了我们的期望,因此我们也没有过度为他规划和管控。

问:小腾在学习上让爸妈很省心,在其他方面有没有出现过让爸妈费心的情况?

腾爸: 孩子的成长是一个探索的过程,当然在这个过程中也会经常发生一些让人哭笑不得的事情。记得有一次我们用胶卷相机给小腾照完相后,他要看照片,我就说需要到冲洗店冲洗出来才能看,结果他直接把照相机放到水里去冲洗。还有一次,大概是小腾4岁多的时候,我回家发现笔记本电脑的显示屏碎了,问他原因,他这样回答:"你不是告诉我没有电了吗,我自己找了个电池把屏幕按下充电,结果就碎了。"我听了之后又好气又好笑,但并没有因此批评小腾,否则势必打击他的积极性、想象力和创造力。这是孩子发挥想象力的一种表现,孩子获取知识需要一个过程。再说,孩子犯这种"错误"我们也有不可推卸的责任,为了让孩子少看笔记本电脑就善意地欺骗他说电脑没电了,而没有教他怎样给笔记本电脑充电。

小腾初中时曾经迷上游戏。那段时间每天早晨要叫他15分钟才能起床,我觉得不对劲,一天深夜12点,我从他的被窝里翻出Pad。他哭闹起来,说我不给他面子,玩游戏也是休闲娱乐的一种方式。我就给他限定时间,没让他卸载游戏。初三下学期开家长会的时候,我用Pad拍照,发现空间满了没法拍,原来小腾玩游戏过了关还要截图,这些截图把空间占满了，我看了一下截图的时间基本在半夜。我跟他谈起此事，又发生了很多争论。那会儿他的自控能力还不行，如果我没发现的话，虽然他的成绩没有大的变化，但身体会受不了。高中的时候他开始关上房间门在里面做自己的事情，对独立空间的要求也越发强烈。但随着孩子的不断成长，家长的干预逐渐减少是必然的，因此只要成绩没大幅波动，我就睁一只眼闭一只眼。

家长究竟该对孩子的娱乐有多大程度的干预？如何判断孩子是否有自我管控的能力？随着孩子的不断成长，家长如何及时调整与孩子之间的关系定位？这些问题需要家长认真考量，并在与孩子的磨合中不断调整。

小腾能坐得住思考问题，但确实不爱运动。在运动方面我们的引导几乎不起作用。上小学时我给他报了篮球课，为了让他愿意学，还跟老师说好让他当队长，结果他说："当队长也不学，不能上你们的大当。"中考考体育的时候，选的垫排球，就没选篮球。

高考的第一天早晨下雨，我们打车去考场，下车后前面有个小水洼，我想如果蹚过水洼鞋湿了考试时会难受，就跟小腾说背他过去。他不让背，还生气了，中午写了一篇七八百字的文章，大意是我已经到了逐渐独立的时候了，竟然要背我，不就是高考吗？紧张什么！晚上考完回来，他要和我翻脸，我赶紧道歉。孩子的自立意识变强，而我还没有从为孩子包办一切的旧思路中走出来，因此产生了这样的冲突，这也使我开始意识到家长与孩子的关系应当随着孩子的成长而慢慢调整。有的家长在考场外给孩子倒水喝，怕烫着孩子，先吹一吹再让孩子喝，这些事我都不敢给小腾做了。

高三时所有课程都学完后，小腾花了很多精力学习日语、看日本动漫和电影等等。另外随着自我意识的不断增强，对高考重复刷题式的应试模式也越来越难以适应。加之同样有天赋和能力的同学纷纷投入更多的时间和精力在高考学习上，小腾自然也就难以维持过往的成绩。最后小腾的高考成绩比平时成绩差了不少，不过还算幸运地进入了北京大学元培学院。

问：小腾在理科学习能力强的同时，也很有语言天赋，他在语言上是怎么学习的？

腾爸： 小腾3岁的时候就在玩中自学并掌握了入门的英语。小学二年级即将结束的时候，一个偶然的机会我购买了初中英语语法教材和全套视频，老师风趣的讲课风格吸引了小腾，他如获珍宝地自学起来，遇到自我感觉非常有趣的内容依然会做成漂亮的PPT给我们"讲课"，就这样用了大概一年的时间他学完了初中英语语法。从给我们"讲课"中他的理解来看，他对语法的掌握有些地方甚至超过了我这个大学英语六级水平的老爸。

在小腾进入四年级的时候，一个偶然的机会我遇到了人大附中的一位老师，我向他请教如何提高孩子的英语口语，他毫不犹豫地建议背诵新概念英语。小腾抱着试试看的想法开始背诵。为了提高小腾的积极性，刚开始的时候，我也和小腾一起背，没想到的是，时间不长小腾就展现出了超强的记忆力和浓厚的兴趣，大概背完新概念英语二的一半后，小腾的口语、阅读和写作水平都有了突飞猛进的提高。初一结束的时候，他已经把新概念英语二和新概念英语三背诵完毕。此后的英语学习，小腾一直表现得游刃有余，高考时英语也是成绩最好的一门。在大一没有选修英语而裸考的情况下，英语四级和六级都取得了 600^+ 的好成绩。

高二的时候小腾主动做了上百页有关英语内容的PPT在班级分享，得到了老师的高度评价，说小腾的语言天赋非常高，有些内容的深度已经达到了本科甚至研究生的水平。小腾在高一的时候，也许是受日本动漫的影响迷上了日语，一开始我们考虑高中学业压力大建议他放弃日语学习，但他还是自行购买了大量日语书籍并坚持自学。进入大学后，在主修数学的同时，他选修了大量日语和古汉语等方面的课程，不断探索自己更广阔的兴趣。大二时，小腾还参与了学校合唱比赛的作曲工作，作品获得了特等奖。

上初中时，我们除了和语文老师有一些沟通，其他都没过问，因为小腾写作文比较爱标新立异，遇到不喜欢这种文章风格的老师得分就不高，有时让我们着急。有一次，小腾的一篇作文被语文老师划为二类下，但是后来海淀区抽查试卷，全市电脑阅卷，这篇被评为优秀作文。记得是写女排精神的一篇作文，他写的不像其他学生全是赞扬，而是有反思，体现了思考的深度。

问：在小腾的成长过程中，他自己的选择是否出现过和您的期望不一致的情况？您是如何平衡的？

腾爸： 在培养小腾的过程中，我们的期望和孩子的选择会经常出现偏差和分歧，仔细回想起来，这的确是一件非常头疼的事情，因为大多数情况下很难去评价和量化对错。家长都望子成龙、望女成凤，也希望孩子在快乐中学习、在学习中快乐，同时我们也知道不要给孩子太大的学习压力，可究竟怎样才算真正地在快乐中学习、在学习中快乐，究竟多大的压力才是适合自己孩子的，平心而论，我到现在也没有找到明确的答案。

我曾经在人大听过对一位著名教育培训机构创始人的访谈，他有两个孩子，几乎用同样的理念来养育两个孩子，但结果是一个孩子的情商和智商都很高，而另一个却非常一般，远远低于他的预期。这也许再次说明教育只能借鉴不能复制，也无法复制。

在小腾成长的过程中，我们曾经引导他参加过跆拳道、游泳、小号、篮球等兴趣班和奥数集训队、高中物理竞赛等课程，但除了游泳坚持了五年外，其他都没有善始善终。我们做得更多的是晓之以情、动之以理，如果最终不能达成一致，只要不是原则性问题，我们都会尊重孩子的选择。包括高中毕业后是出国学习还是在国内就读，国内就读究竟是选择北京大学还是清华大学（顺便说一句，孩子在高三时相继通过选拔参加了北大夏令营和清华冬令营，他对北大和清华也有了自己的了解和认识），究竟选择什么专业等等，我们都只是提出一些分析和建议，最终全部是孩子自己的选择。

每个孩子的生活、成长环境各有不同，都是相对独立的个体。对家长来说，养育孩子的过程是一个复杂的探索过程。每个孩子都有自己独特的视角和好奇心，也许我们处心积虑地引导，孩子却熟视无睹；也许我们"无心插柳"的做法，孩子却能从中发现很大的乐趣。

好奇心是理想的"魔法师"

家长经验帖：

为人父母要先让自己成为一个懂教育的人，更早和更深入地介入对孩子的培养。

做孩子的"减压阀"和"稳定器"，给予积极的肯定和暗示，让他有信心做得更好。

在一些重要时段提前为孩子做好心理建设，做好被现实冲击的准备。

多阅读真正拓展思维的伟大书籍而不是畅销书，与历史上伟大的灵魂对话，探求更广大、深远的世界，在更大的时空校准人生的 GPS。

工作的志趣和对孩子的培育是人生的"两翼"，可以把我们带到更高更远的地方，领略更多的风景，收获更多的智慧，开启更多的可能。

现在就读于 UCLA（加州大学洛杉矶分校）的小晨，修读物理专业，课余跟老师做天文探测和量子计算方面的研究。他的成长经历了对比鲜明的蜕变，刚上小学时一写作业就哭，后来分秒必争、学业优异；在幼儿园以当公交车司机为理想，高中时立志攀登物理高峰探究自然的本质；小学爱玩游戏误及学业，后来却爱读哲学书思考社会与人生。

一个云淡风轻的秋日，我们访谈了晨妈。晨妈是一家报社的资深编辑，衣着简单得体，可以看出她平常空闲不多，没有时间来"捯饬"自己，但也保持了知性和品位。她对小晨的成长故事娓娓道来，讲述颇富逻辑性，言谈之间透出一种淡定与乐观，对一些问题的理性分析也打动了我们。

问：小晨的成长经历了非常大的转变，他后来"不用扬鞭自奋蹄"的内驱力是怎么培养出来的？他为何喜欢上了物理这一似乎有些艰深的学科？

晨妈： 我觉得好奇心是促进小晨成长的"魔法师"，他后来对学习的痴迷、对物理和哲学的喜爱，也是我和晨爸完全没有预料到的。爱因斯坦曾经说过，每个健康的孩子都有神圣的好奇心，只不过这种好奇心很早就衰退了。我和晨爸在小晨成长的过程中，尽量做到了不管遇到什么情况，都鼓励他的好奇和探索。

小晨的好奇心经过了"升级迭代"的过程。两岁左右的时候，他特别痴迷公交车，我们就买了很多公交车玩具，摆放在家里排成了颇为"壮观"的车队，他经常趴在地上专注地把一辆辆"公交车"拉来拉去，晚上抱着"公交车"入眠。有一天晚上，他形影不离的"公交车"忘在爷爷奶奶家了，又折返回去拿来才愿意睡觉。那时，姥姥姥爷经常带着他搭乘各路公交车，去大街小巷四处兜风。后来，他迷上了火车，家里又多了一辆辆火车玩具，晨爸有空就开车带他到很远的有铁轨的地方，欣赏一列列火车"咔哒咔哒"地在眼前奔驰而过。五六岁时，他开始喜欢航天飞机，经常去科技馆看展出的航天飞机模型，还用积木拼接了一架结构复杂、外形精美的航天飞机。

为了发展他这方面的爱好，上小学一年级时学校有机器人兴趣班，我们让他报名参加。二年级开始，周末把他送到一家专门的教育机构，学习动力机械、空气动力、能力风暴及机器人研究等课程。老师与学生的关系很亲密，讲解活泼有趣，涉及数学、物理、机器人制作、编程等知识。小晨非常喜欢这些课程，科学思维、动手能力、合作精神和表达能力也得到锻炼。他参加过国际机器人奥林匹克竞赛等不同级别的比赛。

上高中后，小晨加入了学校的 FTC（First Tech Challenge，简称 FTC 科技挑战赛）机器人竞赛训练，指导老师经验丰富。小晨觉得优化编程会提高机器人操控效率和精准性，自学了 Java 语言。后来他发现数学在编程中的重要性，又自学了高等数学。他参加过在香港、休斯敦、上海等地举行的 FTC 竞赛，获得过冠军联盟奖。他还在学校成立了机器人社团，将自己有关机器人竞赛的知识和经验传授给学弟学妹。

小晨求知的好奇心和热忱，就像一棵小小的幼芽，不断地生发长大。

这不仅体现在他的爱好和能力的扩展上，也体现在人生理想的变化上。

小晨上幼儿园时，有一天姥姥问："你长大后想做什么呀？"小晨爽快地回答："做公交车司机！"晨爸说："好，支持。"姥姥略有质疑，说："理想要高一些吧？"晨爸说："现在在他认知的范围里公交车司机就是最厉害的，等长大以后会有变化的，不用担心。"

初中时，小晨感慨谷歌地图功能的强大，希望以后进互联网公司做计算机工程师。基于他的这个理想，中考时我们经过一番考量，觉得美国是互联网科技最前沿的国家，选择了就读国际部。

高中时，小晨开始迷恋物理，觉得计算机是应用层面的，而物理探究的是世界的本质，因此想在大学阶段选择物理攻读专业。学物理前景如何？我请教了一位大学物理教授，没想到这位教授浇了一大盆冷水，说自己高考选择专业时觉得学物理"高大上"，但是现在物理学已经被挖掘得差不多了，而且物理与大众没有直接关系，赚钱少，同校计算机系的教授就非常赚钱，因此不建议学物理。我跟小晨说了这位教授的意见之后，小晨觉得物理学仍然会有发展，而且对是否赚大钱不太在意。我和晨爸认为，只要他喜欢，以后基本的生活开支应该没问题，唯一担心的是可能会遇到物理天赋的天花板，这需要他自己去探索、尝试，如果遇到天花板，做不了前沿研究可以做教育或科普，也可以转计算机等其他行业。我们支持他选择物理专业，鼓励他一定要脑洞大开，突破认知局限，因为历史上物理学的每一个重大发现，对当时的大多数人来说都是难以理解的，如日心说、相对论、量子论等，在提出时都曾引起巨大的争议。

高中时他参加过几次物理竞赛，因为竞赛的内容大大超出了课堂学习的范围，之前也没有进行什么准备，一开始成绩不理想。为此，他自学了厚厚的《费曼物理学讲义》，并主动要求参加相关培训，后来取得了不错的成绩。

从公交车司机到计算机工程师，再到物理研究者，他不断向往着一个个自己好奇的领域，未来是否还有变化，我们静待他的成长，只要他有热忱，就尽最大努力支持。费曼著作《发现的乐趣》一书译者张郁乎说："如果不能培养起欣赏自然之深层结构的乐趣，科学永远是外在于我们的一种文化。"我很高兴小晨拥有了这种乐趣。

很多家长关心的是孩子能否拥有某些知识和技能，以便在未来找到可以谋生的工作，但在这个基础上，可以引导孩子通过学习获得好的思维方式，进行智慧的拓展，寻找自己未来的事业和使命。当孩子有了更高远的追求，更有挑战性的目标，就会有更强大和持续的内驱力，而不是"小富即安"，满足于"小确幸"。

问：小晨的成长经历了一些波折，其中有不少让您不省心的事。在走过沟沟坎坎的过程中，您最大的感悟是什么？

晨妈： 从不懂教育的"小白"父母，到把小晨养育成人，其间遇到不少困惑，在惊喜与焦虑交织的时光里，我们和孩子一起携手成长，在反思中获得认知的跃迁。培养"自家的娃娃"是父母的事业，也是获益匪浅的体验，这是我们最大的感悟。

在小晨13岁过最后一个儿童节时，学校安排了一个活动，让家长给孩子写一封信，我在给他写的信中说："平常一有机会就教育你，这次做从没有做过的事，向你表示感谢，因为你给爸妈带来了'第二次成长'。虽然养育你的过程有很多辛苦和波折，但是你的每一点成长都让我们快乐无比。从你小时候天真无邪的话语到现在有自己的思想和判断不时语出惊人，都带给我们欣喜。怎样培养一个健康快乐、优秀坚强的孩子，让我们绞尽脑汁。你的学校教育和参加的培训班，也让我们增长了见识。你的一些想法，常常给我们很多启发。"

在小晨将远行上大学前，晨爸写的信中也表达了同样的意思："在我们教育你、陪伴你的十八年中，我们对生命有了新的思考，对知识有了新的追求，对与家人和朋友相处有了新的体验，对自我的要求有了大幅提高。在你成年和将要上大学的时候，我们首先要感谢你，谢谢你的相伴、努力和成长。"

小晨刚上小学一年级时，晚饭后一想到要写作业就号啕大哭，怎么劝说都不愿意坐到书桌前，我和晨爸一度束手无策。那时，他还在"开启"幼儿园模式，上课走神，爱说话，写作业经常看错行或漏题，把数字写反，其他方面也不适应。那段时间我很焦虑，晚上经常辗转反侧思考如何破解这个问题。我认为他并非不爱学习，而是不适应环境的改变。我查阅了一些文章，了解到男孩的心智一般比女孩发育晚。孩子在学校里面临课业和纪律的要求，压力很大，父母要做孩子的"减压阀"和"稳定器"，多赏识鼓励，给以积极而非负面、否定的暗示，让他有信心做得更好，受挫后的情绪更加稳定平和。我有时鼓励他"我相信你以后能上清华"，给他对未来的信心。同时，从两个方面帮他逐渐适应小学生活。

一是辅导作业。晚上检查作业中每道题的完成情况，有错误的地方进行讲解，小晨的成绩逐渐提高起来。但是，有一天他的数学考了89分，而很多同学接近满分，他闷闷不乐。我拉着他去他喜欢的餐馆吃饭，并故意反着话说"祝贺你考了89",以此舒缓他的情绪,让他知道妈妈不会因为一次没考好而责怪他,他也不要看得太重。三年级时,他的学习完全走上了正轨,我就不再检查作业,靠他自己完成学校的作业。

二是综合提升。我带小晨参加了一个情商乐园的培训,可以从思维能力、专注力、创造力、领导力等多方面对孩子进行引导。乐园的老师用讲故事、做游戏的方式对孩子进行启发式教育,生动有趣,小晨很喜欢。情商乐园的老师与家长也有交流,老师对什么是成功、什么是领导力等的阐释,让我有了新的理解。比如,成功是能做自己喜欢的事情,领导力是动员团队解决难题的能力,而不一定是团队的领导者。

有一次,情商乐园的老师让孩子做一个"梦想板"挂在床头,小晨在"梦想板"上贴的是剑桥大学的图片。我们告诉他,如果想上好大学,就要把学校的功课学好。寒暑假去旅游的时候,我们都带他到旅游地的著名大学看看。小学和初中的时候,他去过加拿大和澳大利亚访学,老师也带学生参观当地的著名大学。晨爸经常跟小晨说,在国内的好大学里,老师可能是院士,在国外一些大学里,老师可能就是诺贝尔奖获得者,不同的大学里求知氛围也是不一样的。好的学校会有更多优秀的老师和校友,会带来更多好的影响。小晨上的本地最好的高中,就有不少好老师和学长、同学给他带来很多启发,这进一步促进他努力进入一所好的大学求学。

小学有"家长进课堂"活动,晨爸去讲过"诺贝尔奖的故事""时间管理"等,既让孩子们了解历史名人的故事和卓越贡献,树立更远大的奋斗目标,也启发孩子们抓好当下,进行合理的时间安排。

高中时,小晨既要完成学校规定的中美课程,备战各种考试,参加竞赛和社团活动等,又要自学计算机和大学的数学、物理等课程,时间非常紧张。坐公交车回家的路上，他也抓紧时间学英语，晚上睡得很晚。我们担心他身体扛不住，常劝他"少学些吧，早休息"，可他仍然劲头十足，不肯有半点放松。他平时成绩一直名列前茅，托福最后冲刺到116分。与刚上小学时相比，他已经判若两人。

国际部的教育体系和申请国外大学的方法，我是完全陌生的。我需要为小晨做参加培训、竞赛、考试和申请夏校等辅助工作，熟悉国外大学的招生流程、喜好，了解不同大学的风格。在这个过程中，我逐渐了解了美国大学博雅教育的内涵。博雅教育与常说的通识教育并非一回事。"博雅"的拉丁文（Artes liberales）原意是"适合自由人"，在古希腊"自由人"指的是社会及政治上的精英。古希腊倡导的博雅教育旨在培养具有广博知识和科学思维的精英，教育者与被教育者平等自由地交流，进行讨论式、启发式教学。美国一些综合性大学里的文理学院和只有本科教育的独立文理学院都是做博雅教育。这一点我是经历了申请季到小晨上大学后才领悟到。

因为小晨喜欢物理，我也开始学习隔膜已久的物理学知识，试图贴近孩子的精神世界。有一个不错的科普音频"六极物理"，我虽然只听懂了一小部分，但收获很大，破除了以前的一些认知误区，比如科学并非绝对正确的真理，只是代表可被验证，也有被推翻的可能。科学的进展，既是一部人类对于世界认知的进步史，也是一部旧研究成果不断被推翻的历史。"六极物理"分为"极快""极重""极大""极小""极热""极冷"六个部分通俗化讲解，这六个"极"都大大超出了人感知的极限，真的需要大开脑洞来理解其中的神奇。

我还阅读了爱因斯坦写的《我的世界观》，发现爱因斯坦不只是可爱的物理学家,还是富有人文情怀的思想家。这些阅读和理解,起于小晨对物理的兴趣,小晨已经开始反过来引领我们的思想世界了。

当我们忙碌于自己的工作时,千万不能忽视对孩子感兴趣领域的密切关注。因为工作的志趣和对孩子的培育是人生的"两翼",可以把我们带到更高更远的地方,领略更多的风景,收获更多的智慧,开启更多的可能。

问:除了学业之外,小晨还遇到过哪些特别的困惑?您是如何帮助化解的?

晨妈:我印象非常深刻的是,小晨8岁左右的时候,有一天忽然在睡觉前哭了起来,说怕一个东西,非让妈妈陪着入睡。问他怕什么,他却不愿意说,后来才说怕死。我跟他说:"死亡是一个自然的过程,人和其他生物一样,是有寿命的。"但这并没有消除他的沮丧感。没办法,我拿出"轮回说"来安慰他:"人死了还可以投胎,你以后再投胎到爸爸妈妈家,咱们还可以在一起。"小晨听了好像感觉好一些了,等困了,就不再追问了。我事后一想,拿不科学的方法来安慰孩子,不妥。这是一个哲学问题,如何才能从"丧失"这样的负面认知引导到积极的认知?

当时苹果公司创始人乔布斯患胰腺癌刚刚去世,我搜到一个他生前在斯坦福大学演讲的视频,其中谈到对死亡的看法:"死亡可能是生命最好的发明,是生命更迭的动力,它去除老旧,拥抱新生……所以不要浪费时间,过你不想要的生活。"我把这个视频给小晨看,让他理解死亡也有积极的一面,可以让人更珍惜生命,可以推动人类的发展进步。之后,他对死亡的恐惧减少,时间也抓得紧了。生死问题是人类的终极之问,这引发了我不断地思考。人的身体永远战胜不了"死神",唯一可能战胜"死神"

的是人的"思想",我们生前留给周围人的精神力量和启迪,是生命的另一种延续。通过破解小晨的困惑,我也获得了更积极的生命观。

后来晨爸买了一套《写给孩子的哲学启蒙书》和小晨一起读,里面有对生命与死亡、幸福与痛苦、公平与不公平、战争与和平、勇敢与胆怯、成功与失败等问题的思考。每天晚餐和晚上休息的时间,都是我们仨交流的时间,既讨论学业和学校生活,也讨论人生、家庭和历史、社会、世界形势等话题。

小晨还曾遇到的问题是小学时对游戏的痴迷曾经影响了学业。现在孩子成长的环境和我们小时候差异很大,一出生就被各种数字产品包围,而且被越来越深度地卷入。小晨刚上小学时有一阵子对游戏很痴迷,写完作业就玩一会儿,上课时不认真听讲,成绩下降,班主任特别提醒我们要进行限制。我们考虑游戏是孩子们之间交流的重要话题,一开始并没有多加控制,但后来发现小晨上课时脑子里也在回想游戏中的细节,就对小晨提出平常上学时不玩,放假时可以玩。他接受了,之后没再出现因为玩游戏而影响学习的情况。

现在游戏的互动性、沉浸性越来越强,而且反馈的刺激是即时的,这很吸引孩子,特别是一些喜欢挑战的男孩,适当地玩游戏是一种放松,也是一种思维的锻炼,但是控制不好容易沉迷。我从小晨和他一些同学的经历中分析,沉迷游戏只是表面问题,背后是孩子没有在真实的世界里找到比游戏更有意思、更有价值的事,因此我们注意把一些好的、有价值的东西推荐给他。比如,晨爸认为了解历史可以给人很多启迪,有一些相关的音频引人入胜,容易让孩子喜欢,就让小晨先听刘兰芳的评书《杨家将》,后来拓展到听《易中天品三国》和欧洲史、美国史等,这逐渐引发了小晨对历史的浓厚兴趣。

2014年小晨五年级暑假时，央视开始播放电视剧《历史转折中的邓小平》，讲述了1976—1984年邓小平结束"文革"，拨乱反正带领国家走上改革开放道路的故事。平常我们家电视是闲置的，但是我想看看这部电视剧，就在播放第一集时打开了电视，小晨也跑过来看，而且看得津津有味。我看他喜欢，就每天按时收看，没想到小晨一集不拉非常专注地看完，比我看得还痴迷，这部电视剧成为我们家唯一看过的连续剧。这引起了小晨进一步了解历史和伟人的兴趣，后来他专门买了傅高义写的厚厚的《邓小平时代》阅读。

因为经常带小晨出去旅游，他也很喜欢地理，看完了英国探险家贝尔的《荒野求生》系列纪录片，这不仅让他大开眼界，也顺带学习了英语。

在移动互联网时代，孩子有更多渠道接触有价值的东西。2012年知识分享音频"罗辑思维"开播，颇有深度和趣味性，晨爸推荐给小晨听。其中讲到药物研发中的大样本随机对照双盲实验等内容，对小晨树立科学思维很有帮助。

上小学一年级时，我们希望他学会一种乐器，能够欣赏音乐，还可以培养专注力。一开始让他学习弹奏表现力丰富的钢琴，但他不愿意练习很长时间，后来改学简单些的电子琴，每天只需练十几分钟，勉强坚持学到八级后，他就不愿意继续学习了。让人没想到的是，高三的时候，小晨突然说："老妈，我想买电钢琴，学作曲。"这让我们很吃惊，为何小学时不愿意学钢琴，现在却自己主动提出要求？他说："因为小时候没把钢琴美的魅力展现给我。"回想起来，后来的一些经历可能潜移默化地让他喜欢上了钢琴。济南有钢琴演奏会的时候，我们就带小晨去听，如克莱德曼、马克西姆等的演奏会。后来，我们家搬到艺术学院里面，学校操场边就是琴房，琴房里常常传来悠扬的钢琴声。一边在视野开阔、周围草木葱茏的操场里散步，一边听着动听的琴声，是多么美的场景！高一暑假的时候，他参加了在上海举办的哈佛峰会，其中一位哈佛大学物理专业的本科生给他们教钢琴课，更是给他深深的震撼。这些经历不仅让他爱上钢琴艺术，甚至有自己作曲的愿望了。孩子不经意中体悟到的美的事物，会让他喜爱上这种美并愿意参与美的创造！

平时我们也经常讨论一些社会话题。小晨高三暑假的时候，"双减"政策出台，我们仨一起讨论"双减"会带来的影响。小晨有亲身经历，对这个话题很感兴趣，上大一时，阅读了相关材料和研究文章，结合自己的体会和感悟，写了一篇对"双减"政策的研究文章，其中写道："素质教育在教育话题的语境中暗含增加音乐、艺术等艺术学科，足球、篮球等体育项目，机器人等科研项目在教育中的比重的意思，不可否认以上几点都是重要的素质教育，但难道语文中涉及的语言能力、数学中涉及的逻辑能力、英语中涉及的对外沟通能力不是重要的素质吗？追求全面发展，不是多学会某项技能，而是通过学会技能获得新的思考方式。例如对于音乐，不是学会某项乐器，而是通过音乐获得情感和思想交流的新途径；对于足球，不是会颠球、会踢点球，而是通过足球锻炼身体、看足球比赛时能理解其中的内容；对于科研，不是会写漂亮的论文，而是能把科学的思维方式用于日常思考当中。"他还分析了目前社会上存在的对某些行业的歧视、不同学校教育资源的差异、课程体系拓展和鼓励探索的内容过少、不同阶层家庭的成长环境差异大等现实问题，闪烁着一些他对社会和教育问题思考的火花。对社会问题的关注，也促使他主修物理之外辅修了一些社会学和哲学课程。

　　小晨上大学后，因为距离遥远，对他的一些苦恼和困惑我们无法给予贴身切实的建议，就鼓励他把所困惑的问题作为社会学课题来研究，这会让他更理性和深入地看待所遇到的问题，而不是仅仅为此烦恼。有一段时间，他说觉得无聊，因为周围不少校友只关心怎么找实习单位以后进"大厂"，没有更多的想法，甚至对希望多一些想法的学生另眼相看；公立大学学生多，和教授接触得少，科研机会也少。我希望能深入理解他所说的这种无聊的状态，在网上搜索，发现竟有专家著书专门研究"无聊"这一话题，如詹姆斯·丹克特写的《我们为何无聊》，看来研究"无聊"这一话题并不无聊。书中认为："当我们感到无聊时，有两种潜在的机制在发挥作用。首先，当被困在一个欲望迷局，既想要做些什么又不想随便什么都做时，我们便会感到无聊。我们可能希望换个环境，因此感到沮丧，但关键是我们心中无法生发出对当前可及的事物的欲望。其次，当我们的认知能力、我们的技能和天赋不得其用时，我们也会感到无聊。"这些观点使我理解小晨觉得无聊的根本原因是自己有未被利用的力量，因此建议他多做一些让自己积极的、有价值的事情，为未来的改变一点点地积累。后来，小晨争取到大一暑假跟本校老师做科研的机会，既能发挥他高中在FTC训练队里习得的特长，又可以了解物理学研究前沿和科研方法，他非常兴奋。

问：小晨在生活中有倔脾气吗？特别是在青春期的时候，会与父母冲撞吗？如今小晨远隔重洋去读书，亲情是否有所疏离？

　　晨妈：我们家三个人的性格都比较平和，讨论问题民主、宽松，从不强迫对方接受自己的观点，因此没有过很大的冲突。小晨很体贴关心父母。他上小学二年级时，一天放学后奶奶去接他，路上奶奶买了三个肉饼，对小晨说："咱俩一人一个，给妈妈留一个。"小晨想了想，和奶奶商量："给爸爸留一个，咱俩一人一半吃一个，行不？"小晨已经会算账了，吃肉饼也没有漏掉老爸。

上小学后，我们开始教他做饭，最简单的是煎鸡蛋。有一次，他在我生日的前一天，和老爸商量好第二天早晨给我煎鸡蛋。第二天他早早起来，在锅里放好油，然后把鸡蛋往锅沿上一碰，拿到锅的上方想把鸡蛋掰开，结果一使猛劲，拇指直接捅进鸡蛋里。他把这个有趣的细节写成了作文，后来这篇文章意外地在作文大赛上获了奖。

小晨特别遵守公共规则，上高中时他有一段时间每天骑自行车回家，家附近有两个路口都可以拐弯，近的路口没有信号灯，远的路口有信号灯，他总是骑车到远的路口，等绿灯亮了再拐弯回家，从不抄近路。我们一起在电梯里或在餐馆吃饭时，我和晨爸说话大声了一些，他就会示意制止，让我们意识到在公共场合不应该打扰到别人。

小晨上高中后，有段时间因为疫情一直在家上网课。我看他整天在屋里学习不出去锻炼，经常唠叨他，他并没有明显的改变，有一次甚至一扭头不高兴地进自己屋了。这让我感觉他不理解妈妈的好意，后来意识到当时正是小晨准备申请大学很紧张的时候，时间宝贵，我唠叨的话不在他关心的焦点上，反而会让他觉得烦。高中阶段感觉他有些倔，甚至有些看似叛逆的做法，但他有自己独立的思考和判断，我尊重他的选择。青春期是精神上的"断奶期"，他并不希望完全遵从父母的想法，除非父母的话真的让他认同。青春期的"烦恼"拉开走进成人世界的序幕，对孩子来说，这个时期能否形成对人生、社会和世界更好的认知，有理性和积极的态度，对一生的成长是非常重要的。

高三上学期是申请季，需要写很多篇文书，小晨写到他的追求、爱好和对一些事情的看法。我们读他的文书，发现之前并不真正了解孩子的内心世界，他的一些思想深度甚至超越了我们。这让我们产生了一种危机感，如果只在生活上关心、唠叨孩子，不再深度参与他的学习和生活，会和孩子的思想距离越来越远，共同语言越来越少。于是我们开始有意识地关注小晨喜欢的领域，阅读物理、哲学、社会学等方面的书籍，听从前一无所知的作曲家的音乐，这样可以和小晨谈论更多他感兴趣的话题。

小晨初三在母亲节时写的一封信里说："我知道，亲人之间最需要的是陪伴。上国际班的路是我自己选的，早晚有一天，我会到遥远的地方，但无论我在哪里，我想我们的心会始终连在一起。"现在他真的远离我们去求学，因为课业紧张，平常联系不多，但我们一般约好时间每周通过语音或视频深聊一次。家里的老人曾担心我们以后老了没人照顾，不主张孩子去国外上学。但是，我们觉得要从孩子的角度来考虑，不限制孩子的发展。在小晨远行前，我送给他一句话："万里寻仙不辞远，不废江河万古流"，希望小晨能渴求智慧，寻访高人，开创新风。

问：如果孩子的培养可以重来，您觉得有哪些可以做得更好的地方？

晨妈： 因为平常工作忙，而且我和晨爸从小到大父母基本是放养式教育，所以开始时我们没有特别深入地研究如何培育孩子、密切关注孩子的成长，对老人和学校有较多的依赖心理。如果可以重来，我们会更早地介入对孩子的培养，做好每个阶段的教育，并为下一个阶段提前做准备。学前阶段是重要的发育期，要在孩子的快乐健康成长中进行各方面潜能的培养。上小学后，在学校教育之外进行拓展，如阅读中外经典、学习奥数、钢琴，加强体育锻炼等。初中阶段就要开始为上国际部做准备。我们本来打算小晨在国内上完本科再出国留学，临近中考时才决定高中上国际部，这导致了高中阶段非常紧张。如果在初中甚至小学就开始规划，会更从容，从理念和方法上更早地对接国际教育。初中虽然只有短短的三年，但不能把所有的精力用于应对中考，而要提早为高中的学习进行规划。"父母是孩子的起跑线"，为人父母要先让自己成为一个懂教育的人，才有能力为孩子提供更好的成长环境和指导。

　　如果时光可以倒流，我会在一些重要的时段提前为孩子做好心理建设，比如在美本申请之前让他提前做好被各种申请结果冲击的准备。美本申请如果ED1没有"上岸"，申请的战线会拉得很长，其间像坐过山车一样，让人七上八下。

　　小晨上国际部之后，我才逐渐了解到美国大学复杂的录取机制。英国大学录取流程相对简单，选五所学校，剑桥和牛津之中只能选一所，写一篇总文书，录取前一般会有申请专业的科目考试和面试，看重在某一专业上的学术能力，录取后很难换专业。美国大学的录取则非常多样化，私立综合性大学、公立综合性大学、文理学院等的录取各有特点，有ED1\ED2\RD等不同的录取批次，申请时既有主文书，也有补充文书，并需要填写很多项目的内容。各校录取是独立的，录取偏好也不一样，招生官会考虑很多因素，平时成绩、标化成绩、先修课程、文书、竞赛奖项、社团和志愿活动、领导力、创新力等都是重要考虑因素，是否有大额捐款、身份（校友子女、美国人、永久居民、国际生、州内或州外学生、第一代大学生、种族）、所上高中、是否申请奖学金、申请专业、男女比例、是否有利于学生的多样性、国际生录取比例，等等，都可能影响录取结果。由于小晨这一届遇到全球新冠疫情更加剧了留学申请结果的不确定性。标化考试、活动等受阻，影响正常的规划，AP 考试改为只有两个大题的线上考试，SAT 改为不必须提交。有人说美本申请是"玄学"，之所以"玄"，是因为背后各种因素交织，也有不合理的因素掺杂其中。如果之前没有做好心理上的准备，孩子有可能在各种申请结果中迷失。在焦虑的申请季，我跟小晨说"君子畏因不畏果"，之前我们已经足够努力，就接受最后的结果，上哪所大学只是路径问题，不影响人生规划。

另外，我们会在选校上用更多的工夫，更多地了解学校在名声之外的个性和实际的教育环境。独立的文理学院不参与世界大学排名，在国内的知名度低，小晨申请美本时我们都不了解文理学院，在 RD 阶段尝试性地申请了几所文理学院。最终录取结果出来后，曾犹豫过是上 UCLA（加州大学洛杉矶分校）还是上乔布斯的母校里德学院。如果对学院的实际情况更了解一些，也许会选择特立独行的里德学院。各种大学排名包含的评价指标不同，里面也有水分。美国不同的学校风格差异很大，这是排名反映不出来的，学校的录取难度或可能性与排名也并不完全对应。更细致地选校，咨询更专业的人士，可以帮助孩子有更大可能录取到自己喜欢又适合的学校。

陪伴小晨的成长也让我反思自己有没有更好地自我成长。在小晨所经历的苦恼、追求与思考中，我依稀看到自己成长中的影子，曾经对哲学、科学、音乐、社会学、文学也有热爱，音乐因为条件不足，哲学、科学因为看不懂，社会学、文学因为没时间，都被搁置了。而小晨在成长过程中的追求和热情，重新点燃了我对科学、艺术和人文的热爱。"往者不可谏，来者犹可追。"小晨已经长大成人，我的人生也需要再好好规划一下，以后要多阅读人类文明长河中真正能拓展思维的伟大书籍（一些畅销书只是有名气，阅读后不一定很获益，难以成为伟大的书籍），与历史上伟大的灵魂对话。这就像去游历一座座人类智慧的高峰，众山览尽，把根本性的问题想得更清楚，在吸收智慧精华的基础上增强自己的认知和思考能力，可以增加面对社会的复杂性和不确定性的底蕴和底气，获得看世界和认识自己的新视角和新方法。

古罗马的一位哲学皇帝马可·奥勒留在鞍马劳顿之余写就的《沉思录》里说："生活的艺术更像角斗士的艺术而不是舞蹈者的艺术，因为你要坚定地站立，以应对突如其来的进攻。"生活中充满挑战，日常的工作和生活可能已让人焦头烂额，使自己必须像角斗士一样，但是我们也可以努力更勇敢和智慧地做舞蹈者，不被庸常的生活拘囿，探求更广大、深远的世界，在更大的时空校准人生的GPS。

"实验室小孩"的内心觉醒

家长经验帖：

家长严谨、专注、刻苦的态度，会对孩子产生耳濡目染的影响。

好家长不一定是博学者，但要心胸开阔，自己不断地学习，情绪稳定，对孩子宽厚。

在不识字的时候看绘本是一种很好的方式，虽然一些科普、知识类的读物必不可少，但是让孩子了解家人的互相支持、对他人的包容、温暖地对待世界更加重要。

孩子的成长需要内在力量的觉醒，家长无条件地爱孩子，与孩子共情，默默地支持就好。得到爱和尊重的孩子，人格是完整的，内心才会有力量。

女性同样可以实现自我的社会价值，做思想独立、内心强大的人。

预约了近半年，我们终于访谈到小理妈。这位忙碌的"科研达人"，寒假时终于有了些空隙。她外表柔和但透着一股英气，一旦打开话匣子便侃侃而谈，嘴角总是含着微笑，语气温柔中带着坚定。她虽然是化学教授，但也爱读文学、历史、政治、哲学类书籍，思维活跃开阔，有时戏谑一下，使访谈并不枯燥，对于一些问题从科学角度做的解读也让我们颇感新鲜。

小理妈从一所省级高校博士毕业后留校教书，曾在美国一所大学访学一年。小理爸在高校做管理工作，很长一段时间在外地挂职。由于爸妈各有自己的事业，工作繁忙，从小学到初中，放学后小理就待在妈妈的实验室里，和妈妈一起吃外卖，听妈妈和学生讨论如何做科研。小理一路走来成绩优异，上到初三却遭遇学业上的巨大障碍，一度情绪低落；初中毕业后她选择到美国读高中，虽遇到生活和学业上的种种困难，但逐渐适应下来，成绩及活动能力方方面面出类拔萃，入选全美优秀学生联合会，并顺利申请到著名的女子文理学院韦尔斯利学院。这个"实验室小孩"的成长之路是怎样的？为何选择就读国人不太了解的文理学院？学者妈妈给予了怎样的独特引导？

问：小理从小学到初中，课余时间基本陪着您在实验室里，是

一种"非典型"的成长方式,您觉得这给小理带来了什么影响?许多妈妈以孩子为中心,甚至完全放弃自己的事业,您如何看待这些妈妈的选择?

理妈: 做科研工作需要只争朝夕。我每天早晨 7 点半左右进实验室,先登录国际最前沿的化学研究网站,把最新动态和知识与团队分享,然后开始一天的科研和教学工作,常常忙到晚上 10 点多才回家。家里老人年纪大了无法帮忙照顾孩子,小理从小学到初中放学后就待在我的化学实验室里,我看资料、整理论文、做实验,她就在旁边写作业或看书。我在实验室忙碌的时候,也经常会找学生一起来讨论科研工作,告诉学生做实验、写论文要严谨、专注、刻苦。多年来小理在一旁耳濡目染,便在心里留下了深刻的印象,这是无意间给孩子的教育,让她懂得如何对待学习和工作。而且,在实验室的学术气氛浸染中她对科研产生了浓厚的兴趣,立志要探索科学世界。小理天生有一副好嗓子,非常喜欢唱歌,小时候也获得很多歌唱比赛的荣誉。我曾想让她在声乐上有专业的发展,但她的理想是做科研、当教授,成为"最会唱歌的科学家"。在我的带动下,很多同事也开始把孩子放学后带到实验室来,觉得这样的环境会给孩子带来好的影响,知道怎样刻苦、积极地工作。

由于从小在科研环境中的熏陶,小理现在课余跟着一位哈佛的教授做研究就很顺利。指导她的博士后说跟小理交流就像是在和一个博士生交流。这是因为我跟小理说过,做科研要学会独立思考,不是简单地完成实验任务,而是要彻底搞清楚为什么这样做。小理的学术规则意识也很强,她的研究项目和我的专业相近,她主动说不会和我交流自己的实验细节,因为这是和老师正在研究中的项目,在发表之前不能透露具体内容。

现在确实有许多家长总怕对孩子做得不够。特别是妈妈，投入大量时间，甚至做全职妈妈，想方设法把孩子照顾得无微不至，承担了很多孩子的事情。"女子无才便是德""男主外女主内""女性是弱者"等在我的成长过程中是颇有市场的传统观念，这些观念羁绊了女性的自主意识，也限制女性的社会化发展，不少女性只限于做贤妻良母。

我担负了繁重的工作，在这些工作中我体会到挑战科研难题的乐趣，也收获了对社会有价值的成果。每个人都是独立的个体，要实现自己在社会中的价值。古希腊哲学家柏拉图写的《理想国》里就已提出男女平等的观点，认为各种天赋、才能同样地分布于男女两性，各种职务，不论男性、女性都可以参加。所以，我从来不对小理灌输性别有差异的观念。女性在成家有了孩子之后，也可以选择不放弃自己的事业，尽量寻找平衡的办法，尽管寻找的过程会让人很纠结。

在具体的学习任务上，我对小理的帮助很少。我一向认为学习是自己的事情，所以从来不帮小理整理作业，在这一点上我是个"懒"妈妈。而且，有时候她问我问题，我会很怂地回答："我不会！""我不懂！""你自己查一下吧！"有的孩子在爸妈的大量帮忙下虽然有进步，但长远来看还是要靠孩子自己的努力和独立解决问题。小理上的小学注重素质教育，不光是看学习成绩，那时我从来没有问过孩子的学习情况，而是经常在去外地参加学术会议的时候，跟学校请假带着孩子一起去，让她开阔眼界（当然还有一个原因是我离开济南没有人照顾她）。会议期间，她乖乖地在房间做作业、玩耍；会议间隙和结束后，我带着她观光、游览城市。我会告诉她会上听到的有意思的科研成果，认识的高水平专家，她也懂得了要利用机会积极向别人学习。有机会接待国外专家的时候，我也会带上她，增加她和外界交流的机会。

　　一日三餐都做饭很耗费时间,我会把早餐做得很丰盛,中午她在托管班吃,晚上我们一起点外卖。实验室就在校园里,经常可以看到操场上学生打篮球、跑步的身影,但我实在没时间陪着小理出去活动。由于小理缺少户外运动,外卖的热量又偏高,所以她越来越胖,体育成绩不好。初三面临体育中考,小理在体育测试中每一项都不合格,特别是立定跳远,由于体重超标,很难突飞猛进。后来小理在一位健身教练的带领下,进行了几个月的艰苦训练,经常汗流浃背地回家,中考时体育出人意料地获得了满分。她在训练过程中体现了吃苦的精神和坚韧的品格,这也是因为她体会到爸爸妈妈努力工作、不懈拼搏才换来了如今的成绩。

　　小理初中毕业出国读高中前,我很抱歉地说在她成长的阶段做得很不够,没有把生活打理得很好。小理却说:"人不可能什么都得着,如果没有妈妈那几年科研做得好,获得的奖励多,就没有足够的经济能力支撑我出国读书。"这是孩子体谅妈妈的话。我觉得对孩子的教育有不足之处,这也让我更用心地反省、学习,回头看,最遗憾和自责的是没有让孩子多参加一些户外运动。

问: 每个家庭情况不同,培养孩子的方式也有所区别,作为一位忙碌、勤奋的学者,您陪伴小理成长的方式很独特,是否也留有遗憾?小理在实验室里成长,除了热爱上科研,您的独立和对社会价值的追求对小理产生了更长远的正向影响,但是很多家长并不具备您这样的条件和视野。您认为在孩子的成长过程中,家长需要具备怎样的基本素质?对孩子需要在哪些重要方面进行引导?

理妈： 绝大多数父母对孩子的培育都是非常上心的，但究竟投入多少时间和精力，是否要牺牲自己的事业来培养孩子，我曾经对此也很迷惑。华裔花滑选手陈巍背后就有一位全力付出的妈妈。我也和小理讨论过这个问题，小理认为父母能让孩子接受正常的教育就可以了，没必要辞职去培养孩子。小理的回答让我因工作繁忙而感觉对孩子有些愧疚的心得到一些安慰。

很多家长对如何教育孩子没有经验，特别是有的家长觉得孩子慢慢长大，自己越来越引导、教育不了孩子，很有危机感。我认为家长不需要多么博学，也未必需要是学者或其他领域的成功人士。家长首先要做到的是心胸开阔，让孩子尽量了解这个世界，对孩子宽厚。我认识不少考上清北的孩子家长都是这样的，其中包括农村孩子的家长，特别是他们的妈妈大多性格温和，不急不躁，情绪稳定。

家长在孩子成长的过程中不要干预太多，但自己一定要不断地学习，以此给孩子带来潜移默化的影响。我小的时候，每当我和哥哥写作业时，父亲总会在一旁静静地阅读，熏陶出我热爱读书、终身学习的习惯。

知识是不断更新的，搞科研需要随时关注世界最新动态。同时，关注的领域不局限于自己的专业。我是做化学研究的，但是对其他很多领域也感兴趣，生活上的爱好也很广泛。学术做得好的人绝不是书呆子，我认识的许多院士、国家级的学术"大佬"都是非常博学的。如果知识面很窄，很可能做不了大学问。从历史上看也是如此，比如达尔文就是很多领域的专家，并不仅仅是在生物学方面的突出贡献。我们家有爱看书的氛围，我和孩子在一起时不聊琐事，经常聊的是最近看了什么书，我在学术上遇到什么问题，对一些问题的看法等。小理高中时对时事很感兴趣，看了很多相关书籍。这种兴趣不只是对新闻的关注，而是思考我们生活的世界是怎样运转的，社会发展的规律是怎样的，存在哪些问题，有没有可能改善。我平常引导孩子不要盯着一点琐事，世界很大，一定要眼光高远，不局限于眼前和周围的圈子，当然，同时要脚踏实地做好当下的事情。我有时候会向她分析很多成功的亲戚朋友的特点，更重要的是，我会讲每个人身上的闪光点，值得学习的亮点，而不要只盯着别人的缺点，让她了解人性，明白人性的优点和弱点。

我对孩子的要求不高，未来有一技之长、有立足之地即可。孩子一直想往上走，但我经常给孩子减压。轻松上阵，也许会更有利于她长远的发展。孩子和我的关系是平等的，家长给孩子爱和温暖，孩子觉得自己受到尊重，人格是完整的，内心才会有力量。五年前是我遭遇事业最艰难的时期，有时我的情绪也会崩溃。我和孩子会互相理解，我没有刻意装得很坚强，孩子有责任为家庭分担困难，也需要了解获得成功是艰苦的过程。有了孩子以后，我感觉自己变得更强大了，多了一份责任，把事业做好不仅是为了自己，也是为了孩子。在陪伴孩子成长的过程中，我也更好地做到了情绪管理，不把坏情绪倾泻给孩子。现在当我们各自遇到不顺心的事情时会互相倾诉，孩子已经能非常豁达地安慰、开导我。为了更好地照顾孩子，提高时间的利用效率，我的拖延症也改变了很多。

在孩子心里种下善和美的种子，培养好的价值观是非常重要的。家长的水平也是有限的，但可以选择一些经典的书籍给孩子看。我在孩子小的时候下了很大功夫筛选童书和绘本，在她不认识字的时候看绘本是一种很好的方式，绘本里有关于亲情关系、怎样看待自然界、怎样看待生死、如何与朋友相处等问题，我们一起看过许多国家比较有名的绘本。我很留心一些分享、推介童书的家长读书会、家长群，比如"红泥巴"读书会开设了一个很好的网站，给不同年龄阶段的孩子推荐读物，如《逃家小兔》《老鼠牙医》《忙忙碌碌镇》《神奇校车》《西游记》等。一起看绘本里可爱精美的画面、温馨的对话，让我和孩子共同感受到了浓浓的亲情，妈妈和孩子之间深深的爱。虽然一些科普、知识类的读物必不可少，但是让孩子了解家人的互相支持、对他人的包容、温暖地对待世界更加重要。

孩子在成长的过程中会面对各种各样的情况。无论遇到什么事情，我告诉她基本的原则就是要坚持做一个善良的人，"但行好事，莫问前程"。做好事，做好人，不是为了别人，而是为了自己，让自己的心灵安宁。

小理在大一暑假时开始在哈佛大学做实验项目，她做得很认真、投入。在实验室，她不仅要做实验，还需要做一些杂务。小理把很多实验仪器上积累的陈年老灰都擦干净了，她这样做不是要刻意讨好谁，只是觉得老师交代了打扫卫生就要认真做好。暑假结束后，教授主动提出让小理继续做长期项目。

我以前灌的鸡汤比较多，怕孩子的价值观和进步的方向错了，现在则努力少说一些，因为孩子已经成人了，有了很多自己的想法和判断。她接触的世界已经比我广阔，我逐渐从指导她变为向她学习了。

问：小理的学业一直挺优秀，为何初三时遇到了障碍？这是她选择去美国读高中的原因吗？美高的教育容易适应吗？

理妈： 小理选择去美国读高中是因为她初三时成绩有波折。初一初二时她的成绩很好，初二会考曾经得了区第一。到了初三，那时中考只需要语文、数学、外语、体育四门课的成绩相加。但是学校学习的课程有十几门，她每门课都想学到最好，于是学得很累。我劝她主抓中考的课程，其他课适当放弃，她却很倔，不愿意放弃任何一门。这是外因。内因是她对自己要求太高，但心理还比较脆弱，承受不了成绩的起伏。她成绩不好的时候，晚上在家里伤心地哭，跟我说她可能承受不了失败。我也很难过，抱着她安慰她。但我不说过多的话，尽量保持情绪稳定，不能和孩子一起崩溃。孩子的成长需要内在力量的觉醒，需要自己去面对困难。家长无条件地爱孩子，默默支持就好，说多了不一定是好事。

中考前一个月，因为我的人才津贴马上到位，经济条件允许，所以小理决定去美国读高中，这是她自己的决定。对于读美高，小理一开始没想到会有多难，走之前神采飞扬，不知道以后会遇到什么坎坷。但是她很快就明显变得沉重了。第一个学期经历了语言、文化背景等方面痛苦的适应过程，尤其是正式开始独立生活，要学会照顾自己。第二年的寄宿家庭为了挣钱，把几个孩子放在一起，偶尔给孩子们做次饭，而且对孩子们经常施以冷暴力，前一秒挺友好的，后一秒可能就恶语相向。在一起的孩子有五个是男孩，天天打游戏，对小理的学习造成很大干扰。后来小理换了一家美国中产寄宿家庭，比原来那家气氛好了很多，而且和住家的爸爸妈妈经常一起交流时政、历史、社会生活等问题，彼此建立了感情。但是他们也很讲"原则"，如果提高一餐饭的水平就要多收费。住家一家人非常喜欢小理，尤其因为新冠疫情阻隔我不能前去探望，住家妈妈给予小理很多爱与关怀。

小理在高二时申请转学到了更好的高中莫斯布朗学校（布朗大学附中），这是她自己规划、坚持的转学。高二学生一般学4门AP课程，但小理一开始选了5门，AP是美国大学先修课程，难度很大。学校让她退一门课，她不愿意。学校专门成立了一个临时委员会劝说她，并告诉她如果不退课，就不要在这里上了。小理躲在厕所里难过地大哭，最后决定退一门课。后来小理高中课程的成绩都是 A⁺，老师说小理是多年来他遇到的成绩最好的学生。在美高如何选课、安排课外活动，都是小理自己规划的，我们没有参与。她参加过学校的舞台剧表演，一唱歌魅力就表现出来了。她所上的高中在机器人项目方面很强，因为之前她动手能力差，就参加了这个项目，操作之前没怎么用过的电脑，学习计算机 AP 课程，自己练习组装机器人，上学时口袋里随时装着一个小扳手，非常投入，后来还成为 leader（领导者）带领团队参加了州里的竞赛。

有时小理考试发挥得不好，或者觉得老师对她不公平，她会和我倾诉。我认同她的感情，让她感觉到妈妈是与她共情的，并在她说完后讲个笑话排解她的情绪。我是个"段子手"，在最困难的时候也能找到开心的事。我经常向她绘声绘色地讲述发生在我自己身上的糗事，或者是在美剧的情景剧（比如《摩登家庭》《好汉两个半》等）中看到的欢乐情节，快乐的情绪很容易就感染了孩子。卡耐基曾经传授控制情绪的秘诀：即使心情很差，情绪低落的时候，如果努力保持微笑，挺胸坐正身体，情绪也会逐渐改善。所以我在肯定了孩子的愤怒、悲伤等负面情绪之后，会讲好笑好玩的事情，自己哈哈大笑，孩子也会受到感染，逐渐释怀。在什么情况下都不会被打垮的心态是最重要的。小理在美国读高中时遇到过不少不顺心的事情，但她的内心也是在这个阶段变得强大起来的。有时她拍些校园里可爱的小动物照片发给我，虽然有诸多不如意的事情，但她总能发现生活中美好的地方。她内心的日渐成熟，也与我不断强调要超越自我、积极乐观的理念有关。

高二时，有一次她在等公交车，一个黑人跑过来抢走了她的手机。后来她打电话告诉我这个事情时，哭得一塌糊涂。我说这个黑人真坏，小理却说："他可能真的需要这个手机卖钱，我不认为他就是坏人。"在遭遇问题甚至伤害的时候，她学会了辩证、理性地思考。虽然经历了种种困难，但她逐渐适应下来。在美国读高中这个阶段，她的整体能力得到很大提升，能吃苦，更有主见，内心也坚定起来，经历过挫折才能得到升华。

问：美国的文理学院在国内还很少为人所知，小理为何选择申请文理学院？文理学院与一般的大学有什么不同？

理妈： 在准备申请大学时，小理一开始想申请芝加哥大学，也去访校了，按她的成绩被录取的可能性很大，申请哈佛不敢说有多大把握，申请耶鲁也很有希望。但小理在申请前突然说想上文理学院。她爸爸一开始是反对的，希望她申请影响力大的综合性大学，后来民主决定，2:1通过。美国大学在招生时会给好的高中预留名额，小理上的高中每年都有一些知名大学的录取名额。学校每年有一个韦尔斯利学院的录取名额，老师鼓励她申请韦尔斯利学院。韦尔斯利学院是培养女性领导力的地方，这切合小理希望做独立的、能掌控局面的女性的理想。希拉里·克林顿、美国第一位女国务卿奥尔布赖特、冰心、宋美龄都毕业于韦尔斯利学院。文理学院在国内知名度低，是因为文理学院一般只有本科教育，而以前国内的留学生大多是在研究生阶段出国，他们所上的学校是有研究生教育的综合性大学。

韦尔斯利学院的气氛，"卷"得让人喘不上气来，很多女孩子漂亮到可以去参加选美，而且气质出众。我在校园里看到这些女孩子的时候，忍不住惊叹她们都是大明星的样子！她们虽然天资聪颖、家境优渥，却仍然无比拼命，学习、课外活动、实习，样样努力。也有1/3左右的学生像小理这样不修边幅的，不会打扮得那么精致，但是目光坚定，神采奕奕。虽然学校里很"卷"，但是每个学生身上都散发着自信的光彩。

韦尔斯利学院和麻省理工学院、哈佛大学是学术互认的。老师基本上都是藤校和美国排名靠前的学校毕业的，水平很高。上课是小班制，小理上的一门阿拉伯语课程，只有5个学生。课堂上交流时，学生可以提出自己的独特见解，有时上课时聊到的话题，老师就作为下次的作业题目。小理写的文章，既有点又有面，既有温情又能说清楚事情，连我都自叹不如。文理学院奉行的理念是博雅教育，不是为了学生毕业后就业，而是为学生将来继续深造打下坚实的基础，进行跨学科学习，训练综合性的思维能力。

我做的是化学领域的研究，小理对此也很感兴趣，但在申请大学时，她觉得研究化学距离研究自然世界的根本问题还是有点远，想做物理领域相关的研究工作，申请的是物理专业。进入大学后，她又感觉在物理领域取得突破性成果难度很大，在选择专业时确定了生物化学方向，这是非常有挑战性的交叉学科。此外她还选修了政治学课程，文理学院里有很多学科的课程可以自由选择。

问：您是一位工作成果很多同时又照顾好家庭的女性，您是怎样培养女儿的婚恋观和家庭观的？

理妈：我认为人生是多面的，人生的快乐有很多种。我曾经跟小理说："有了你，我有了无数的快乐，但是即使没有你，我也能寻找到人生的乐趣。"我认为每个人要保持独立的人格和有独立生活的能力，不能把自己的幸福寄托在任何人身上，离开谁都可以生活下去。我希望小理能像大多数人一样有幸福的家庭，有可爱的孩子，家人之间能够互相照顾，拥有天伦之乐。但是，对于身处现代社会的女性来说，因为有足够的能力在社会上立足，照顾好自己，人生可以有更多选择，现代社会没有规定的、统一的模式。多样性原本就是人类社会的常态和本来面目，对于孩子的将来，我们能够做的就是理解、接受与支持。

父母恩爱、家庭和睦，就是帮孩子树立正确家庭观的最好方式。一个在爱与温暖的家庭中成长起来的孩子，会懂得如何去爱。我真正认识到这个问题，是小理两岁的时候，那时我一边工作，一边攻读博士学位，还要照顾年幼的孩子，有时忙得会情绪失控，尤其是在对孩子爸爸不满意的时候，就会忍不住大声斥责他。其实他工作繁忙，也在尽力照顾家庭和孩子，是我们母女俩强大的后盾。为了让我们生活得尽量舒适，他也疲惫不堪。有一次，孩子看到爸爸做了让她不满意的事，也厉声指责爸爸。我当时一下子就愣住了，意识到问题的严重性。孩子真的是家长的一面镜子，家长的问题会在他们身上暴露出来。所以，从那之后，我会尽量控制自己冲动的情绪，避免发生破坏家庭和睦的行为。

孩子是独立的个体，我一直坚持尊重孩子、平等地对待孩子。小理小时候，我会让她自己选择童书，尤其是享受睡前共同阅读的美好亲子时光；穿衣服，我提供选项，让她自己做决定；制定出游计划，听听她的意见。所以，随着年龄的增长，她越来越有主见，共同讨论大事小事都能提出独立见解。小理去美国读书后，我们家养了一只小狗，我对小狗也是平等、尊重，和它说话都是蹲下说。带着它出去遛圈，看到同类时它总是表现得自信和自豪，也许和我们平等对待它有关吧。

在我们的鼓励下，小理注意进行广泛的阅读积累和发散式的独立思考，这在她读美高时有了用武之地。美国历史、宗教学这些对于中国孩子来说相对较难的课程，由于她总能提出独到的见解，加上过硬的写作能力，她都可以拿到 A。当她成年后，我更加放手，相信孩子的能力，彼此保持边界感，让孩子为自己的人生负责。只要她能快乐生活、享受人生，我们的养育任务就完成了。而且，小理是个非常温柔、体贴的孩子，在美国她周围的人都用 well-educated（受过良好教育的）和 caring（有爱心的）来形容她，相信她能找到适合自己的生活道路。

科学育儿
的忠实信徒

家长经验帖：

　　珍惜 0—6 岁的早教时光，培养孩子的观察、思考能力和语言组织、表达能力。勇于表现自己，不仅使她更容易"被看见"，获得更多的资源，更重要的是培养了她的胆识、气魄，建立了她的自信，从而形成正向反馈，取得良性长效发展。

　　幼儿阶段的陪伴阅读不是停留于照本宣科欣赏故事情节，积极引入"阅读反馈"这一必不可少的环节，方能事半功倍。

　　兴趣广泛，视野开阔，以科学的学习方法，形成由主线串起，由点及面的知识框架图。善于查找、整合资料，不断拓宽边界，建立多学科知识的联结。知识储备越多，大脑就会自动进行分类和整理，学习新知识就能触类旁通，闻一知十。

　　从小培养孩子的同理心，善于发现普通人不同的闪光点，铸就了孩子其后的热心公益，这不仅锻炼了孩子的协调、组织、领导力，愿意为集体付出的利他精神，也为其未来进入社会拓展渠道获得机会。

贝贝远赴太平洋彼岸入读大学后，江湖（家长群、校友）还时常流传着她的故事：成绩优异，英语辩论赛上又飒又酷的风采，作为学生会主席指挥若定的风范，与她年龄形成反差的"霸道总裁"绰号，高中明明上国际部离申美更便捷却选择高考普通班，因属意国际关系专业选择入读乔治华盛顿大学，后转学布朗大学，攻读应用数学（经济方向）专业，大四毕业之后不顺势读研，而创建公益组织……一个学霸为何选择了曲折甚至不被外人看好，但自己很热爱的道路？带着好奇和疑问，我们约访了贝贝妈，探寻贝贝成长的足迹。

贝贝妈妈是一家教培机构的创始人，拥有多家分校，职业的烙印在她身上体现得非常明显，一头利落短发，说话快言快语，逻辑清晰严密，绝不拖泥带水，惯见于中年女性的喜欢倾诉、煽情、八卦等特点在她身上荡然无存。开设校外素质培训学校，既是她的职业，也是她的热情所在。她的激情体现在研发、设计课程，为孩子提供有益有趣的校外课堂是她最大的快乐和成就感。而为了实现这一目标，她需要读许多书，获取多方位的知识，因此锻炼出她阅读速度快、吸收率高等特点，充分利用一边开车、做家务甚至吃饭等零碎时间，一边听音频资料。让时间延展成双倍，是她的常态，也是她学习的方式。

以下根据贝贝妈的自述整理——

有备而来，准妈妈阶段大量涉猎早教理论

20世纪末，早教理念像一粒石子投入中国幼儿教育领域，吹皱一池春水，激起了父母们的思考、争论。当时的家长分两类，一种认同早期教育，一种持疑惑和观望态度，而我属于前者。也是在这个时候我迈入了婚姻殿堂，蜜月旅行我们去了香港特区、深圳、珠海等改革开放前沿城市，背回来沉甸甸的行囊里装满了育儿书。第二年，我生命中最珍贵的礼物如期而至，贝贝——我的女儿呱呱坠地，我的身份多了一重角色——妈妈。是的，成为妈妈之前，我认真地做了充分的准备。伴随着孩子在母腹里一天天发育、成长，我也广泛涉猎了蒙台梭利、卡尔·威特、瑞吉欧教育理论等多种对全世界影响深远的早教专家的著作，在准妈妈阶段就形成了比较明晰的早教理念以及具体措施。孩子的成长，也是我不断因循所读的各种教育理论建立、引导和调整她的成长之路。

有一种观点认为，遗传因素在智商中占50%左右。作为孩子的父母，我们自认为资质中等，没有过人之处，既然如此，我便做科学育儿的忠实信徒，我选择在教育专家们大量经验分析总结的指导下，悉心陪伴孩子成长。孩子0—6岁期间，特别是三岁半之前，是我倾注时间和心血最多的

阶段。她9个月大的时候，我选择了辞职，因为我想有更多的时间全力以赴陪伴她成长；一边也以自己创业为辅，我希望经由努力的打拼，为她的教育投资提供宽裕的经济保障。

在幼儿大脑发育关键期，做孩子最好的玩伴

脑科学专家研究证明在婴幼儿脑发育期，脑细胞分裂得特别快，也就意味着脑容量增长得特别快。其表现为：脑细胞个子变大，脑沟回明显，脑细胞轴突变壮，树突增多，脑髓的重量也就增加了。

要想让婴幼儿的大脑发育得好、脑神经发育完善，除了物质营养的保障外，精神营养（即教育）也不可忽视。如果这个阶段有意识地给婴幼儿的大脑以丰富的外界刺激（意识教育），就能更好地促进婴幼儿大脑的健康发育。因为刺激得越多，婴幼儿的脑神经元树突就会越发达，像大树的根，盘根错节，交叉密布。大脑建立起的"网络"越稠密，孩子越聪明。因此在婴幼儿脑发育的关键期进行积极正确的早期教育便非常重要。

从孩子出生那一刻，我就进入了角色，抓住色彩、音乐、语言、空间、数字等每一个儿童发展敏感期，陪着她一起探索这个崭新的世界。从身边触手可及的生活物品到各式各样的智力玩具，从简单的图画书到智力大闯关，从以口来感知世界的味道到探索神奇的空间，我既是她的启蒙者又是

她的玩伴。在朝夕相处中，她的语言组织和表达能力、空间建构能力、逻辑推理能力、思考能力及专注力等都得到全面发展。尤其是语言能力更为突出，贝贝8个月开口说话，一岁多就能唱简单的儿歌，2岁开始能和我自如交流，并能准确表达她的意思。

阅读反馈，事半功倍

亲子陪读事半功倍的秘籍是建立"阅读反馈"，"阅读反馈"锻炼了孩子的观察、思考以及语言组织能力，这不是一项简单的技能，而是建立起一种思维方式，不仅使孩子在后来应对阅读理解、写作文等考试中得心应手，科学的思维方式更是让她受用终身。热爱阅读是成长的基石，但普通的泛泛阅读并不是成长的捷径，有效的深度阅读才是！

贝贝2岁起我正式引导她读绘本书，孩子6岁前我做的最重要的事情是陪读。

书籍是人类智慧的宝库，是全世界的营养品，书籍为我们打开世界，获取知识，丰富思想。阅读对于一个人一生的重要性无需赘述，因此在孩子能够独立阅读之前的低幼阶段，就要培养她的阅读兴趣，建立阅读习惯，这已经是父母们的共识。夜幕降临，万家灯火透出的点点橘色暖意中，小不点儿偎依在父母身边共读一本书，早已不是什么特殊的风景线，而是家长必修的日课，阅读已然成为亲子生活的重要部分。陪伴低幼儿童共读也是父母与孩子交流的宝贵方式，是一段亲密的旅程。

然而现实却有令人困惑的另一面，常常是家长煞费苦心，讲得口干舌燥，收效却并不尽如人意，那些精美的绘本、经典的童话故事，固然脍炙人口生动有趣，在幼小的孩子心里也只是如浅浅的溪流淌过，似乎并没有留下太多的痕迹，更没有建立起家长们期望的孩子手不释卷的阅读习惯。问题到底出在哪里？多数家长指导阅读缺少了一个重要环节——而我的幸运恰恰是做到了"阅读反馈"，拿到了一把走向深度阅读的金钥匙。

和所有孩子的成长过程一样，我把孩子带进图书的世界，是从最简单的绘本开始，每一页只有四幅小图，每一幅图下面是简短的一两句话，每次我绘声绘色地读完，她都听得津津有味，但一次完整的阅读并不是就此收刀入鞘；敲黑板、划重点的是下一步——我会趁热打铁提问：刚才我讲了什么呀？故事发生在哪里？你喜欢谁呀？为什么……一开始当然是问些简单的小问题，但不能泛泛地大而无当地问，要激发她的兴趣，从细节入手。

从她 2 岁开始，阅读反馈不仅是我们亲子共读的必备环节，而且至关重要，所以从来不敷衍。反馈的内容随着她长大逐步加深加多。我们都知道新闻导语的五个"W"即 When、Where、Who、What、Why，也就是时间、地点、人物、事件，发生了什么以及为什么会发生，再复杂的新闻，通过这五要素的整合，读者就能对事件的来龙去脉有基本的了解。我就是运用新闻写作的五要素有技巧地启发和引导她，想想再复杂的故事，不就是由好几组 5 个 W 构成的吗？

经过 0—2 岁的深度陪伴，孩子的专注力很强，每次我讲故事，孩子都听得特别认真，我引导提出的问题她的回答也很清晰准确。就这样慢慢坚持了一段时间，3 岁左右，效果开始凸显。头天晚上我们共读的故事，第二天她就能在幼儿园里讲得头头是道。她是幼儿园里尽人皆知的"故事大王",这顶桂冠一直持续到她毕业离园,从未转易他人。

必须给予阅读反馈价值足够的重视,如同牛要有强健的肌体,在农耕文明时代帮助人类耕地、运输,成为人类的重要帮手一样,反刍是牛消化、吸收的必要过程。

因为孩子通过阅读反馈与文本再次建立联系,构建感官图像,如同在大脑里重放一遍电影,让阅读立体化,这个环节拓展和加强了她的记忆力、理解力、概括提炼能力,从而解读超越字面、故事情节甚至作者本身立意的深度,这是一个输入她大脑的过程;而第二天的登台讲故事,又是一个把获取的信息输出的过程,其间要学会过滤、筛选、整合、定位并提取自己最感兴趣最有价值的内容,最终内化为自己的知识,同时还要糅合自己的观点理解思考,形成一个综合的视角,产生整体大于部分的总和,最终用自己的语言输出。这个闭环的过程,是孩子自主地在知识的海洋里寻找、淘洗到的珍宝,而不是被动地接受一串别人加工成品的项链——经由自身的获取路径,更加深刻地沉淀在大脑深处。经年累月,逻辑严密、条理清晰的思考能力和表达能力自然就形成了。万丈高楼平地起,踏上求知的长途,探寻答案,追求更深的理解,系统的思维模式就是这样建构起来的。

这个习惯,我们一直坚持到孩子小学毕业,阅读也由最初的我读她听、我问她答,慢慢过渡到她读然后讲给我听,我们俩再针对其中的人物、事件等展开讨论,发表观点。就这样,孩子的阅读一直伴随着思考与思辨。思考加深其理解,思辨增强其求知欲,正所谓"博学之,审问之,慎思之,明辨之,笃行之"。

这种能力的养成,往小里说,体现在她后来在各种考试中得心应手,阅读理解不仅在语文学习中占比大，高质量阅读也让她能更好地理解其他学科，并在考试中所向披靡。如今中小学教育更是将大阅读提到新的高度。往大里说，她受益终生。每个人一生中或许会遇到些特别有影响力的书，如醍醐灌顶般震撼和启示，但更多的还是得益于坚持不懈地学习，是一本又一本有意义的书像接力又像摆渡一样把你送达一站又一站，走向更开阔的人生。不断地读书获得的知识就像暗中蛰伏在地里的种子，得到营养和照料，遇到合适的温度、湿度，便会生根发芽，开枝散叶，渐渐浓荫匝地。深受其益是多年之后才恍然大悟，欲辩已忘言。雨果说"比海洋更广阔的是天空，比天空更广阔的是人的心灵"，人的心灵可以无限延展，只要保持阅读的热情和掌握阅读的技巧，就会由一个兴趣催生出无数个兴趣，由探索一个问题引发对无数个问题的探索，永无止境。

阅读，拓宽灵魂的深度和广度。

从另一个角度来说，阅读反馈造就的"故事大王"风采给她带来了另一份收获。因为一直是幼儿园里的知名人物，得到老师和小伙伴的关注、欣赏、鼓励以及肯定自然也就多，更多的"被看见"意味着她能得到更多展示、锻炼的机会。频频登台给她带来的绝不是掌声和夸奖这些表层的东西，更大的价值是她的自信心和进取心的建立。3—6岁正是初生牛犊不畏虎的蒙昧之初，尚未被世俗的条条框框束缚，人生开初就获得各种机会使她不知道什么叫胆怯、畏惧，她只是像向日葵一样迎着阳光奋力生长。

美的感知力让心灵得到润泽

　　孩子成长中也是我不断阅读各种教育专著的过程，素质教育的理念在我脑海里占据很深，没有一位教育家不强调要培养孩子多元化全方位发展。多元化发展肯定不只是卷面成绩的单一评判，而是多方位的培养。我希望孩子无论是在千军万马挤独木桥的升学考试中，还是进入社会被考验的艰难时光，始终拥有感知美和幸福的能力，能自洽达到身心健康，她因为发现、感知世界的美而热爱生活、热爱生命。

　　美育是外延非常大的概念，涵盖多方面：文学、音乐、舞蹈、美术……我从来没刻意给她报过美术辅导班，但恰恰不吝啬时间和钱以另一种方式给她熏陶、浸润，带她看各种展览、演出是我们生活的必选项。既充分利用当地资源如省博物馆、美术馆的展览，也常常不惜为一场高水准的演出而远赴外地。贝贝不到四岁开始学钢琴、练舞蹈，只要有机会我就带她去观看各种歌舞团、音乐会的演出，感受现场的艺术冲击力，这一切都在她幼小的心灵里留下了美好而深刻的记忆。我的教育理念不是让她简单地学会一项技能，或者是为了考试加分，而是让她学会欣赏美、感受美、创造美，让美植入她的心灵，流淌在她的血液里，让艺术陪伴她终生，成为她人生不可或缺的组成部分。

　　我常常跟她聊许多科学家不仅在他们的专业领域里做出了划时代的

贡献，同时他们的艺术造诣也非常深。爱因斯坦不仅小提琴拉得很好，弹钢琴的水平也很高，据说爱因斯坦有很多发明就是在优美的琴声中产生灵感的，琴声往往是他重大发现的预先信息，其中包括闻名遐迩的"相对论"。当他们在科学领域的求索中感到困顿的时候，往往是艺术激发了他们灵感的迸发，令他们茅塞顿开。很多家庭因为孩子学琴搞得火药味十足，贝贝则完全不同，上了初高中课业负担再重，回到家必先弹几曲。当美妙的音符行云流水般从她指尖倾泻而下，压力也随之消散，心里升腾起的是音乐世界空灵的美。

  从小对于美的熏陶、浸润已经根植于其内心，在美国读大学期间只要有演出、有展览，她总不舍得缺席。她还专门选修了"舞蹈欣赏"课，课程规定一学期必须看6场不同类型的舞蹈演出并写出6篇论文，她不觉得累，没有为了完成学分而有压力，反倒觉得是陶醉其间的享受。精神世界的丰富、气质的陶冶就是这样日积月累积攒下来，这难道不是比考级更大的财富吗？

  沿袭幼儿阶段打下的基础，贝贝小学阶段全方位显出起点高，能力强。小荷才露尖尖角，在很多场合她不怯弱不畏惧，一次游学就是一个挑战、展示自己的大舞台，得到多方面的收获。

  斗转星移，日子如流水般滑过，贝贝背起书包成了一名小学生，幼儿园时代打下的基础，培养了她超出同龄孩子的胆量和勇气、出色的语言组织和表达能力，虽然同班同学中家庭条件非常优渥的很多，她还是没有任何悬念地被选为班长，再后来被学校选为大队长，各种机会也频频向她抛来橄榄枝。印象最深的是贝贝一年级下学期就担任全校活动的主持人。我远远望去，黑压压的一群人，孩子和家长加起来要有三千多人吧，我在后面观看都紧张得手心出汗。而不到七岁的小豆丁站在台上却镇定自若，一点也不怯场，一副我的主场我做主的气派，简直像一只骄傲的小天鹅。

小学六年间对她影响最大的一件事是去美国游学。那是她第一次出国远行，一行14个孩子，先是在美国学校上了一周体验课，然后入住当地人家庭。带队校长反馈十几个孩子中贝贝全程担任了半个翻译的角色。贝贝的特点就是胆子大，听、说是中国孩子英语学习中的短板，但她却敢于开口。同时她也平静坦然，遇到不懂的就坦承自己不懂，但不退缩不气馁，挺身而出，从不困窘于自己口语不够流利，借助词典、肢体语言等各种方式向美国老师同学请教，再和自己的老师同学商量、制定解决方案。这次游学也进一步培养了她的责任感，遇事总得有人去解决，她当仁不让，勇往直前。寄宿家庭的反馈邮件也夸她活泼开朗，知识面广，和他们交流融入得特别好。那会儿孩子刚考出钢琴十级，出行前我们有意认真准备了十首民族乐曲，恰巧那个家庭音乐氛围浓厚，四个孩子有两架钢琴，还有小提琴、架子鼓等乐器一应俱全，妥妥地可以组一个家庭乐队。贝贝大方自信地弹奏了她事先准备好的中国曲目，得到美国家庭的大力称赞，回来后兴奋地说："妈妈，音乐无国界！"听她小小年纪发出这样的感慨，我特别高兴。

那一次美国游学之旅他们还参观了哈佛、麻省理工、耶鲁等顶级名校，虽然她当时年纪小，但对高等学府的渊深、庄严建立了感性认识，游学回来后她的视野打开，阅读面更广了，思考更多也更深了。

贝贝的阅读书单广而杂，涵盖文学、历史、哲学、传记等，尤其值得一提的是《世界名人大传》系列，从二年级到五年级，她利用寒暑假陆续读完了36位世界名人，涉及政治、音乐、文学、军事、化学、物理等各国各领域的杰出人才，他们的成就像星光一般在人类发展的银河中熠熠生辉。读万卷书，行万里路，知行合一，阅读及游学极大地开阔了她的眼界，让她真切地看到世界无远弗届，每个行业都能出顶尖的人才，人类创造的文明如此辉煌，也为她插上了梦想的翅膀，为她注入了学习拼搏的力量，让她油然而生一种热情，一种对人生和学习无法浇灭的热情，自主且主动地学习成为她日后的常态。

初中阶段，贝贝担任学生会主席，社会工作占据了她大量时间，当然她也收获了运筹帷幄的领导力，被同学戏称为"霸道总裁"，与此同时，学习成绩依然抢眼，这一切得益于科学高效的学习方法。

我对贝贝的深度陪伴，持续到她小学五年级，后面几乎完全放手。因为此时她已经养成了良好的学习习惯，摸索出一套高效的学习方法，学习成绩一直名列前茅，学生会工作的组织和开展能力得到老师交口称赞，我自己也进入二次创业的艰辛阶段。

贝贝初中入读的是一所注重培养学生多种能力、活动丰富的学校，而且老师完全放手，很多活动都是学生们自主策划与实施的。贝贝一入初中就当选为学生会副主席，后来又当选为学生会主席，她在这个平台上得到了组织、沟通、协调等综合领导能力的全面提升。记得有一次我去她的学校，老师和我说，她偷偷地在教室外观察贝贝组织学生会几十名干部开会的情况，大为感慨，小丫头很有气场，胸有成竹，分工明确，有条不紊，丝毫不输成年人统筹安排的能力。对于她繁杂的学生会工作，我一向持热情鼓励、支持的态度，孩子的成长是多彩的，不是考试成绩单项指标的衡量。我只提醒她一点——平衡好学习与学生会工作的时间。经过三年的锻炼，她的能力得到全方位的提升，浑身散发着自信的光彩，现在想那三年对她来讲是极其宝贵的三年，我发自内心地感谢学校领导和老师对她的信任、支持与培养。

我接触赏识教育的理念比较早，孩子的自信与父母的表扬、鼓励密切相关，但最重要的还是源于她内心的"我能行"这种坚定的信念。来自成人世界的夸奖必不可少，但是语言的夸奖产生的功效远不如让她去践行这件事，通过克服困难努力做成之后给她带来的自信，这种力量才是不可低估的。一个轻飘飘的表扬并不会产生真正的力量，我更多的是培养她用心用脑做事，一件事完成得漂亮，再接再厉迎接下一个挑战，并且依然胜任，孩子就能得到正向反馈，一点点累加起来自信就不言而喻了。所以贝贝到今天也不太在乎别人怎么评价她，她总能按照自己的想法笃定前行。我想这源于她内心坚定的自信的力量。当一个人站到了一定的高度上，荣誉带来的动力和社会寄予的希冀，都会鞭策她严于律己，持续进步，她自己都不能原谅自己懈怠，我想这可能也是一种内驱力吧。

初中阶段她的状态轻松愉快，学习成绩没有因为繁忙的社会活动而滑坡，始终名列前茅，级部第一的名次也常收入囊中。这其中的关键是学习方法，学习好的孩子往往有其独特的学习方法。

首先我想说的是关注课堂效果学会听课。说到听课，我想简单说下贝贝的经历，从小到大，所有教过她的老师都评价她听课效率特别高，上小学时就连去她们班试讲一节公开课的老师，都能清楚地记得她那双大眼睛紧紧地跟随着老师的目光。记得初中时，有一次她跟我讲，生物考试做一道选择题时，她能清晰地记得这个知识点是老师站在教室的什么位置，用什么语气，怎么讲的。她能边做题，脑海里边回想上课的画面。她说她小时候喜欢听课的原因很单纯，就是喜欢和老师眼神的互动，慢慢开始享受这个双向认可的过程，为了保持这种互动，她就得紧跟着老师一起思考，把老师的思路变成自己的想法。所以课堂上的知识对她来说就不是死记硬背，而是一种体验。思考是听课过程中最重要的体验。在这个过程中，专注力会同步得以提高。

第二是运用康奈尔笔记法进行课堂记录提炼总结。为了保证听课效率，她不会大量记录老师讲的内容，而对于重要内容她会利用缩写、符号等抓住重要的细节。再就是提炼出关键词，帮助大脑消化老师课堂所讲的内容，复习的时候，根据关键词就能调动大脑中的记忆。最后就是总结当堂课要点，从细节到大局真正掌握。

第三是求甚解，及时复习解决薄弱环节。小学时学习内容比较简单，她能轻松应对。到了初中，随着学习难度的增加，科目也随之增多，她的学习方法也有所变化。印象最深的是，每天放学回家，她不是先写作业，而是拿出课本，回顾课堂，哪些知识是完全掌握的，哪些是模棱两可的，对于掌握不透彻的，再啃课本，保证自己全然明白，不留一丝疑惑，之后她才开始做作业。她认为作业是对课堂内容的巩固与复习，一定要先理解，作业才能做得既对又快，还能起到强化理解的作用。她不喜欢题海战术。

第四是关于错题的整理及复习。她上学期间一直没有建立错题本，她不太愿意做重复性的工作。每次发下试卷或作业，她第一件要做的事就是对试卷题目进行分类整理：做题时完全不会而做错的用红色五星标注；做题时似是而非犹豫不决做错的用黄色五星标注；对于虽然做对但考试时有蒙的成分的，用绿色三角标注。这样做到对每一张试卷心中有数，并对薄弱环节彻底掌握，再把有错题的试卷或作业装订在一起，重点针对这几类题目进行复习，这样既提高了复习效率又节省了大量宝贵的时间。从初中到高中，她每晚差不多十点钟就能完成学校所有的作业，剩余的时间就做自己喜欢的事情。

第五是经常给别人讲题。也可能因为是从小到大学习成绩好，又一直都是班长，所以经常会有帮助其他同学讲题的机会。她发现通过给别人讲题，能够发现自己被掩藏的盲点，能够加速自己对问题的理解。我们都知道，为别人讲题时需要调动多种器官：眼、手、口、脑，基本上能调动的器官都调动起来了。心理学研究表明：调动的器官越多，学习的效果越好。所以并不是做的题越多，学习的效果越好。做十题，不如讲一题，她在给别人讲题的同时，自己的成绩也得到了提高。

第六是框架学习法。经过以上从课堂到作业再到考试的各个环节，她对于学过的知识已经了然于胸。考试前，她会脱离课本根据自己的理解，结合所学内容的特点和规律，经过分析和归纳，做出各科目的思维导图，形成一个个由主线串起、由点及面的知识框架图，每本书在她的脑子里都形成了有结构的知识体系。知识就像一棵大树，根扎得越深，越是枝繁叶茂。越是知识体系健全，越容易形成多维或立体的知识储备，知识储备越多，大脑就会自动进行分类和联结，结果就是触类旁通，闻一知十，学习也就更容易。所以，她的学习成绩一直遥遥领先，也形成了非常好的自学能力以及跨学科的学习能力。

很多家长问道，既然早有到更广阔的世界翱翔的目标，为什么高中选择了普通班，而不上申请美国本科更便捷的国际班？我认为兼具国内高考和申美的学习训练，捶打了贝贝的东西方文化兼收并蓄。

一个人扎实的知识体系应该是中西合璧。中国五千年灿烂的文明史，文学、地理、历史、政治，博大精深，初中阶段的学习点到为止，肯定远远不够，如果不在高中的黄金时光进一步加深学习了解，未来怕是再也没有这样大段的时间来学习了。所以，贝贝高中阶段选择了一条更辛苦的路，入读普通班，这也就意味着她既要完成三年后高考的学习任务，同时又要攒足美本申请的各种筹码，托福、GPA、SAT、AP课程以及选校、书写文书等。要游刃有余地在这两种模式间切换，她从小养成的强大的自学能力体现出了优势。高二和高三有一段时间因为美本申请进入最后关键阶段，她几乎有一半时间是在家自学，但期末回校参加统一考试，成绩依然遥遥领先。

贝贝的英语听说读写能力一直比较突出。高中时她参加了"21世纪杯"全国英语演讲比赛，获得山东赛区高中组冠军、全国一等奖的好成绩。她到上海参加全国中学生英语辩论赛，进入上海赛区四强，后又进入全国八强。我记得当时参赛的好多学校都是名声在外如雷贯耳，人大附中、南京外国语学校、深圳外国语学校……从对外语的重视程度、平均水准、人文教育的积累，贝贝所在的城市都不占优势，能打进上海四强完全出乎我的意料。在没请过任何老师辅导的情况下，贝贝靠什么出奇制胜？我想与广博的阅读面、严谨的逻辑、思辨能力、资料整合能力以及突出的表达能力都有关系。现如今互联网异常便利，世界变得很大，可知天下事；世界又变得很小，可足不出户——她平时积累的查阅、整合资料的能力也派上了用场。

高中阶段老师曾带12个学生去参加与美国高中生的联谊活动，只有贝贝一个是普通班的学生，其他同学都是国际部的。在一次活动中美方抛出一个问题，然后双方要发表观点碰撞辩论。美方讲完了，我方却没有一个人站起来讲话，中国孩子普遍比较内敛拘谨，大家面面相觑，一度尴尬冷场。贝贝一看这阵势，勇敢迎战，纵横捭阖，居然侃侃而谈了近40分钟，令所有人刮目相看。贝贝的胆量、敢于表达，依托于有广阔的知识面做底，如果只是狭窄地了解某一领域，肯定说不了多少就才尽词穷。文学、历史、经济、贸易、核武器、环保没有她不感兴趣的，她不仅看国内的各类资讯，还浏览国外各大学网站，查阅学术界有影响力的分析文章。就因为她平时涉猎的内容驳杂，整合能力强，她才有口若悬河的资本吧。

很多家长向我咨询，中学生、大学生乃至成人，常常苦于搜集、查找、整合资料，而贝贝却游刃有余，是孩子自己养成的呢，还是家长在这方面有独门秘籍引导过她？

我善于引导从小她攻坚克难，遇到新问题，先为她建一个坡道，再一点点地爬坡，渐渐看到无限风光。比如《三国演义》是孩子们必读的四大古典名著之一，读完《三国演义》我就推荐她入手《三国志》，由此明白《三国演义》的由来，也能更好地了解三国的历史，然后又溯源到魏晋南北朝，并且不局限于文学范畴，还可以横向了解同时代的制度、经济、军事甚至农业、民俗、气候、创造发明等等，同时不断向外延伸——魏晋南北朝时期西方各国正在发生什么，这样建构起来的就不是单薄的知识，而是世界通史。也或者遇到庞杂晦涩的知识，读书难免枯燥，容易对她形成较大的压力，挫伤其求知的积极性，这时候可以先从电视、网络等媒体上找相关资料片、纪录片、电影，因为这些媒介比较感性，容易入门，有了初步印象和兴趣了，趁热打铁再去读各种深度研究的著作，夯实知识体系。总之各种手段相辅相成，互为补充。

我们俩一起找资料的时光非常快乐，好像是在做一个游戏，既分工又合作，你查查这个，我找找那个，常常因为找到新的关联资料大呼小叫兴奋不已，她强大的查阅、整合资料的能力也是慢慢培养起来的。

善于学习的孩子一定是将各个科目彼此建立了连接，每学一点新知识，在她脑海里就形成一个神经树突。学的东西越多，树突就相连得越绵密。知识多并且都掌握了，理解新问题的时候，反应就会快，也能做到举一反三融会贯通。而知识面窄的人，各学科建立的关联必定少，孤木不成林，理解新问题时大脑调用知识慢，反应也就慢了。

很多人的学习是蚂蚁搬家式的，兀兀穷年，勤勤恳恳，从不懈怠，想靠一点一点地囤积，这也学一些，那也学一些，但这种学习方法收效不是最优。因为知识散乱地堆积在脑子里，没有规律，很容易被忘记，贝贝采取的是蜘蛛结网似的学习法，先确立一个中心点，然后沿着这个点不断拓展新知识，一圈圈向外辐射，不断扩大，渐渐形成一个知识网络。每学习一个知识点，就思考和探索是否有与之相关主题的内容。有，就加入，丰富这个主题；没有，就新建一个中心点，把学到的加上去。日积月累头脑里就建立了很多个小网络，由点及线及面，融会贯通，形成自己庞大且坚固的知识体系。

人无完人，虽然贝贝在学校学习从不偏科，考试成绩一直名列前茅，但她受我的影响更多，更喜好文学、历史、哲学类，对于物理、化学缺少深度探究的兴趣，所以在孩子的成长过程中，受父母和家庭影响的痕迹太明显了。因此在孩子小的时候，在性格、爱好的塑造阶段，不仅要父母亲自带，而且要父母亲互补，培养各方面的兴趣。

峰回路转的大学之路

贝贝大一入读乔治华盛顿大学,她心心念念属意国际关系专业。华盛顿是首都,政治文化中心,想在国际关系领域深造,华盛顿的资源优势得天独厚,乔治华盛顿大学国际关系本科专业全美排名前三,尤其是华盛顿治安也相对良好,安全、适合孩子是最重要的。在华盛顿大学就读期间,她参与了很多实习和志愿者的工作,开阔了视野,锻炼了各方面的能力。她曾担任外联组组长、媒体宣传员,负责策划外联方案,发表评论文章,设计制作宣传视频、海报等。在国际事务委员会华盛顿特区办公室担任志愿实习生,参与国际事务教育项目调研工作、活动设计、项目策划讨论等。在国家安全档案馆担任档案整理员,分类、总结、整理关于国际经济和国际安全相关事件和议题的解密档案等。

学校里也有丰富多彩的活动,比如请法国总统马克龙来演讲,会让她去做一些对接性的工作。大学期间贝贝还在国际刊物上发表过关于国际关系、国际安全的文章,她独立完成的内容曾被福克斯电视台采用,说明在工作中她有自己独到的思考以及悟性。

一年之后,贝贝感觉乔治华盛顿大学的学习氛围、教学深度不能满足她的追求,于是着手准备转学,她确定的目标是常春藤盟校之一布朗大学,布朗大学本科教育严谨,小而精,在全美的美誉度很高。她经过权衡慎重做出的决定，我都是全力支持，说实话，那时候我对她的影响已经微乎其微了，不过是以年长者的经验从旁给予一点建议而已。

　　一路成长过来贝贝都是顺风顺水，但转学后，布朗大学给了她一个下马威。她转学后读的是应用数学（经济方向），藤校的要求更高，她因为是中途转学，该校应用数学专业的相关课程有的没有修，虽经熬夜苦读，前半年只能勉强跟上课程进度。终于熬过了半年最困难的阶段，后来一切顺利，也渐渐体会到应用数学之美，有时候还会给我讲讲应用数学在生活中的运用，比如等车问题、随机问题、如何建立数学模型等，GPA 成绩也令人满意。布朗大学的应用数学专业就业形势非常好，大部分学生去了投行、咨询公司等高起薪的热门公司。但本科毕业，孩子却给我了另一个答案，她说在布朗大学三年，发现自己对一堆数字并没有足够的敏感与兴趣，她不想为了拿到一个硕士学位而读自己不感兴趣的专业。于是决定先就业，从自己最有热情的领域——公益和写作入手，寻找自己愿意探究的领域，俟机再继续学习。

　　贝贝的 A 面是披荆斩棘屡战屡胜的学霸，与此同样突出的 B 面是热衷公益活动，她享受其中，也因此获得谋生的机遇。善良、纯真有同理心，不以偏概全随意贴标签的品格是如何养成的？

　　贝贝五六岁开始有自己懵懂看社会的视角后，我交给她一个任务，每天观察一两个性格举止不同、学习成绩参差不齐的同学，看看他们身上有什么特点和优点，然后我们一起分析讨论，这是我接她放学路上的小游戏，持续了三四年。我会试着启发她，让她去观察，考试分数低的孩子，可能思维发散，动手能力强；调皮捣蛋的孩子，也许是在寻求关注，可能有一副热心肠……各有特点和优势。每个孩子的外在表现背后有个性、家庭、教育的原因，不要因为他的表象就轻率地给别人贴标签，不要因为他一时的落后就轻易否定他，而应该更多地理解和发现。这可能培养了她的同理心，不以一元论简单定义别人，也是后来她热衷公益的基础吧。

真正践行公益是贝贝高一暑假去尼泊尔支教。事有凑巧，当时尼泊尔首都加德满都刚刚经历了一场大地震，残垣断壁满目疮痍，我其实非常担心，但她执意要去。飞机落地，机场外是人声鼎沸的示威游行，混乱的秩序让这些十几岁的孩子一天都没能出得了机场。但那一次的支教活动却开启了她做公益的决心，原计划支教半个月，结果他们七八个人待了二十一天，先是帮助当地灾后重建、修缮房屋等，随后到当地学校教孩子们学英语。她从小生活在省会城市，衣食无忧，体会不到世界之大，各国各地之间的落后与发达、贫穷与富有的差距如此悬殊，从那以后她心里就埋下了做公益的种子，即使能力微薄，也想着要为社会做点什么。

就读布朗大学期间贝贝参加了帮助难民儿童的公益活动，对接的是叙利亚难民家庭，教孩子们英语和数学，贝贝一干就是两年多。一开始是给一个孩子辅导，后来变成三个孩子，初中、小学，不同的学习程度，她每周要去两次，一次三小时，一周就是六个小时。本来学校的课业就已经很紧张，她经常熬夜至凌晨三四点，但对于这项工作她乐此不疲，回国期间、新冠疫情期间，她始终坚持给孩子们提供线上辅导。

通过这一段经历，也使她深刻地意识到难民想要改变自己的命运面临很多艰难和挑战，从语言融合到心理健康再到最大程度地获得教育，所以她希望创建一个自己的公益组织去帮助那些非常需要帮助的人，对改变别人的命运尽绵薄之力。

大学毕业后，她选择了去洛杉矶工作。她发现当地的高中生和大学生对于做公益非常有热情也有时间，尤其是高中生，但缺乏机会和培训。所以她自己创建了一家非营利机构，聚拢了一群有热情、想用自己的力量让社会变得更美好的志愿者，有高中生，也有大学生，她为他们提供培训和监管。一年的时间在洛杉矶附近发展了七个 chapter（区域组织），成员达到二三百人，参与服务的项目包括社区志愿辅导低收入家庭和难民家庭、动物组织、自闭症儿童、音乐义演、癌症儿童等。前两天我们视频，她说暑假来临，第一次能帮助到五十个困难家庭的孩子参加免费夏令营，希望他们漫长的暑假有所收获。聊天过程中看到她热情洋溢的笑脸，能感受到她的开心，她觉得很有意义，很有成就感。

再后来，有一次我们母女聊天，我说热衷公益是非常有价值有意义的事情，值得肯定，但是大学毕业了，工作了，个人也要实现自立，在自立的基础上再做公益。她听从了我的建议，一边工作一边做公益：她当老师，教授当地的高中生、大学生数学和经济学课程；她喜欢写作，参加出版社的写作项目；她帮助华裔学生做升学规划并指导他们撰写文书……贝贝远在大洋彼岸，要靠自己解决一应吃穿用度，但她挣得了第一桶金时立即想到跟父母分享，这份家庭责任感让我很暖心。值得欣慰的是当她不想为五斗米所累的时候，她可以自由；当她想挣钱的时候，也有足够的能力安顿自己的生活。什么是幸福？什么是成功？我一直和孩子说成功没有标准，成功不是要当多大的官，成功也不是创立大公司挣很多钱，成功是你内心觉得自己做的事情有价值有意义，并且从中感受到幸福与快乐。

鲁迅先生曾经写道："无穷的远方，无数的人们，都与我有关。"远离物欲甚嚣尘上的功利心，贝贝的这份情怀值得褒奖。为什么不给她鼓励呢？

　　社会的进步是一代代人的努力，青年更是朝气和希望，是中流砥柱，而改变世界，先从改变身边做起，服务和改变身边的人及环境。或许，在她正青春的热情里，总有一种想让世界变得更好的愿望。她的爱心、社会活动能力也为她赢得了很多"好运"，让她总能得到命运的青睐，天时地利人和，都很重要，这大概印证了机会总是留给有准备的人吧。

　　如果说原生家庭送给孩子最宝贵的礼物是独立、自信、有思想，就是为了让她拥有一副隐形的翅膀，翱翔于辽阔山河，那就勇敢地飞吧，让所有的梦想开花，让梦想恒久比天长。

附　录

我的申请"豪赌",我的耶鲁大学

图 南

我最初是不想申请耶鲁的。不仅不想申请耶鲁,任何一所藤校我都不想申请。那时候我刚上高中,年少气盛,简单地将不追求藤校光环等同于不媚俗不追名逐利,企图以此来标榜自己的特立独行。其实心里暗暗知道藤校大概注定与我,与一个在中国非北上广深长大的孩子,与一个就读于历年来只有一个学姐去往达特茅斯学院、两三个学长去往康奈尔大学的学校的学生无缘。不如趁早断了"爬藤"的念想,选择一个安静也还不错的学校钻研我钟爱的物理和哲学,还可以摆一个清高的姿态。

后来,我想申请耶鲁,狂热地非耶鲁不可地想申请耶鲁。2020年春夏新冠疫情暴发,我在家上网课,有大把的时间上网阅读,其中对我影响最深的是网上的一个讨论热帖"哪一刻让你觉得人生实苦"。这个帖子记录了一位口袋里只有一块钱的爷爷,在错过了只收一块钱的末班公交车后,穿着单薄的衣服在寒冬中久久地等待回家;一位在女儿就读的大学旁边摆摊卖袜子的女人,几年后女儿因为保研名额被别人顶替掉了而跳楼自杀;一位在地铁上绝望地号啕大哭的父亲,卖房给儿子看病花了几十万元,没有钱买吃的了,哀求人们"求求你们能不能给我一点吃的,我儿子肚子饿"。

此时我正在参加耶鲁的远程暑期天文夏校，面对那片曾经给我无限浪漫的幻想的星空，我只感到深深的荒谬与心酸。我想没有人应该承受这样的苦难，而我也无法假装不曾看到这些现实，继续待在我的象牙塔里憧憬着飞向星辰大海，对人世间的痛苦充耳不闻。

我开始希望我能尽绵薄之力做些什么，恰逢此时，耶鲁的一位教授来到我们的项目宣讲。他一笔带过了耶鲁坐拥的学术资源，却花大篇幅讲了耶鲁对于培养学生社会责任感的重视。我听到"回馈社会""反思自己拥有而他人所不具备的优越的条件""走出象牙塔，去认识真实的世界"和"用学校带给你的平台和资源去帮助更多更弱势的群体"。

我看到耶鲁有大量服务当地社区的志愿者项目，从派发免费食物的社区厨房到为服刑改造人员提供教育和法律援助，心潮澎湃。我读到一篇耶鲁2012届毕业生Marina Keegan写的文章，其中她写道："我们还如此年轻，我们还这样年轻……2012届的毕业生们，让我们一起为世界做些事情。"我开始幻想如果我有幸进入耶鲁，一定要在课堂内学习文史哲和社会学，在课堂外找到我在社区中该承担的责任，像那些有经验的社工前辈学习，将我当年看"人生实苦"的话题所受的触动转化为具体的行动，让这个世界变得更好一点点。

耶鲁成为我的梦校。我想，这是我想去的学校，这是我一定要去的学校。

2020年秋天，我正式开启了大学申请季。在我能查到的数据中，耶鲁在过去五年平均每年只在中国大陆录取14名学生，且他们无一例外来自北上广深江浙最优秀的高中。我的老师和同学们都觉得我一定是疯了才选择申请耶鲁，我的一位申学顾问专门打了四十分钟的电话跟我说："如果你是就读于一个更有名的海外私立高中你也许会有机会，但是以你现在的高中背景，没可能！"我的父母心里嘀咕虽然我还算优秀，但也没有优秀到够得着耶鲁。我知道从头到尾坚定地相信我一定能申上耶鲁的人不过一只手就数得过来，而当整个世界几乎都在跟我说"不"的时候，我也曾怀疑我是不是一只想吃天鹅肉的癞蛤蟆。我在网上用艳羡的目光看着那些从小就按照藤校精英来培养的孩子金光闪闪的履历，不知道我有什么是能拿去跟他们竞争的，好像我从一开始就输了，而这也本不是我该参与的游戏。

我后来明白，这种内化的自卑源于我们在还未经尝试前就被告知我们的尝试是无意义的，有些东西注定不属于我们。努力被曲解成放肆大胆，野心被误解成好高骛远。渐渐地，我们打心眼里相信了那些说我们"没可能"的人，也就不再尝试，以与自己和解的名义心安理得地放弃。我们不是在尝试后失败的，也不是因为尝试而失败的。我们是因为不敢尝试，不再尝试而失败的。

我也无比庆幸，当初我的那份倔强与不甘心，那份不服输和要"胜天半子"的心，让我拒绝让他人定义我的可能性，愿意以自己为最大的筹码入场我目前人生中最大的"豪赌"。追梦的岁月，我选择 all in。我想申请耶鲁也许是个错误，然而正像我最爱的美剧之一《老爸老妈浪漫史》里面的一段台词说的："这是个错误，我知道这是个错误，但在生活中有些事情你知道或许是错误却又不能确定，因为唯一能确定那是错误的方法就是犯下这个错误，然后回过头来说，噢，这是个错误。所以不去犯这个错误才是最大的错误，因为这样你一辈子都不能肯定，这到底是不是错误。"我愿意享受追逐的过程，接受一切可能的结局。更何况，我在不断了解耶鲁的服务精神，思考它的校训"真理与光明"的路上，已经更清晰了自己未来想要走的、不会因为录取结果而改变的道路，而我以为比起名校的录取通知书，这才是我申请季中最大的收获。

很幸运的是——也许比绝大部分的人幸运的是——我赢了申请季的豪赌，也因此才有机会与诸位读者通过这种方式对话。我必须承认的是，我在申请季所经历的痛苦和迷茫不乏自艾自怜，我自以为自己在留学圈食物链的底端，实际上我已经很幸运地拥有了具备支持我出国的经济实力和眼界的父母。我也必须承认的是，我高中三年固然不曾懈怠，然而我的成功是十分的努力加上十分的运气的共同结果。如同每年申请季网上都会有帖子说的一段话那样："一帆风顺的人觉得航海也不过如此，但在看不见的暗礁那里，埋葬了无数水手，他们已经没有机会说出自己的故事了。"我说出自己的故事，并非因为我觉得航海也不过如此。你在这本书里读到的故事也许只是"幸存者偏差"。我无法鼓励你和我一样去选择豪赌，因为我也深知有比我付出更多、决心更甚的人在申请季因种种复杂的原因而没有申请到梦校。我想说的是如果你在思虑周全后有承担结果的勇气和能力，那么就别让别人告诉你你不该、不配去尝试。迈出"信仰之跃"（take a leap of faith），才有之后改变的可能。

2021年4月7日，藤校放榜，我的豪赌胜利了。

耶鲁，class of 2025，永远的金字招牌，闪亮的名校光环。与想象中不同的是，我既没有痛哭流涕，"漫卷诗书喜欲狂"，也没有惊喜尖叫。我带着飘忽的幸福的笑容，心里只在说一句话："我做到了！"追梦的岁月，在几乎所有人都不看好我申请耶鲁的情况下，我做到了。回想起那些写文书到凌晨一两点的夜晚，在咖啡店戴着口罩边哭边写推翻了四十多稿的主文书，心里竟是一阵解脱感。申请季结束了，高中也结束了。高中三年的忙碌奋斗得到了肯定,现在是时候踏上新的旅程了。

放榜当天我就被拉入了"五校群"。留学圈有个圈子叫"五校圈",也就是哈耶普斯麻五所学校即哈佛、耶鲁、普林斯顿、斯坦福、麻省理工学院的人在一起玩,一起共享资源。一瞬间,我接触到了更多闪亮的同龄人:这个人大学还没毕业就已经登上福布斯三十岁以下精英榜了,那个人已经在中外各种知名媒体发表了数不胜数的文章;他发了顶刊,她荣誉毕业;他拿了金牌,她得到了几千万元的融资;他的哲学水平已经相当于博士,她正在写一本书……除此之外,几乎所有人都在某投行、某基金、某资本、某律所或某互联网大厂实习。本是倡导博雅教育的美本名校,将一些心怀梦想的学生变成了为大公司卖命,沉浮于名利场的现实主义者。我感到恐惧、不安、焦虑、自我厌弃。来自北方省城的我,似乎跟北上广深江浙的天之骄子们格格不入。偶尔我会一闪而过一个念头:"我申请上了耶鲁,为什么没有更快乐一些?"这个念头闪现的频率越来越高,我想也许是因为这个圈子里的人都既优秀又野心勃勃,那是一种与 18 岁不相匹配的、自信自己无所不能想要征服改变世界的野心。这种野心让我们进到这些学校,也让这个圈子更加残酷疲惫。

这种焦虑一直持续到了我结束入读耶鲁的第一个学期。我发现我的口音不够漂亮,不够"美式",我的耶鲁同窗们早在初高中阶段就用希腊语和拉丁语原文读完的经典史诗是我从来没有听过的陌生词汇。我的第一篇论文被耶鲁最严格、最具声望之一的教授打上了 C,在评语里她说我的论点尚可,但是通篇充满了语法错误,非常粗心,态度不端正。那天晚上我借口逃了跟朋友们约好的看电影,一个人躲在地下的单人自习室痛哭了两小时,我很伤心那个教授不曾多看看我熬了几个晚上思考得到的论点,只注重我的语法,也并不考虑作为一个在中国长大、只受过有限的英语教育的国际生,我怎么可能甫一入学就有她心里期盼的完美的学院式文法。这是给我的重重一击——我想重新开始,不再因为我的成长环境而被人告诉我不可以,却发现无力摆脱过去。

现在,我意识到摆脱过去本就是一个伪命题。过去如影随形,只可继承,只可和解,不能也不应摆脱,否则就会如同没根的草一样。在第一个学期的最后阶段,我认识了两个给我无限启发的同学。他们更憧憬用耶鲁提供的平台去让这个世界变得更好一点点。曾经我为耶鲁抽象的校训"真理与光明"和服务社会的口号而感动,如今他们的志向让我从具体的人身上看到入读耶鲁的意义——不仅是让自己变成一个更好的人,而且是让世界因为我们的行为而变得更文明,更进步。

第一位同学叫 Liam Elkind,出生在纽约一个条件优渥的高级知识分子白人家庭,Liam 在大四的时候获得了罗德学者奖学金(每年该奖学金得主仅有 32 人,被认为是美国本科生可获得的最高荣誉)。他在大学阶段攻读全球事务和政治伦理经济双专业,并在大三时创办了 "Invisible Hands"(隐形之手)公益组织,组织了超过 15 000 名志愿者为高风险社区成员提供杂货和药物送货服务。Liam 在一个有爱且充满善意的环境中长大,他的家庭始终让他觉得自己很重要、很特别。从小到大,Liam 的父母和祖父母从不缺席 Liam 在学校大大小小的演出,不论他是主角、配角还是躲在后台不敢上场。而纽约这个城市进一步鼓励他传播善意和温暖。他记得他的妈妈告诉他,发生"9·11"事件的第二天,她试图在杂货店为一名消防员付款,而收银员说:"夫人,已经有其他 10 个人试图为这名消防员付款了。"那是一个人人都想团结在一起的时刻,而这样的时刻

Liam 经常在纽约目睹。耳濡目染他妈妈的行为，Liam 相信即使当世界试图把我们分开时，我们仍然能找到方式团结在一起。

Liam 本来计划攻读戏剧学专业，入学之后，他学习了政治伦理经济和全球事务双专业。他想为政治和经济领域带来更多的伦理责任。在耶鲁学习的课程让他看到了世界的现状，但他也希望通过自己的工作来决定世界应该是什么样子的。

2020 年 3 月是一个困难的时期，人们在不确定的新冠疫情下感到迷茫，不知道能为自己和他人做些什么。这是一个需要英雄的时刻，而对于 Liam 来说，成为英雄意味着简单地做他力所能及的事情。他说："看《绝命毒师》的重播对我来说并不特别英勇。"相反，他想做一些善事。因此，当他看到他的朋友在 Facebook 上发帖询问是否有人知道有一个可以向需要帮助的老年人提供食物和药品的组织，但并没有这样的组织时，他联系并提出："如果我们来创办这个组织呢？"他们招募了一些朋友，并在社交媒体上发出了号召。72 小时内，他们招募到了 1 300 名志愿者。

于是，他创建了"Invisible Hands"，这已经成为一个由超过 15 000 名志愿者组成的非营利组织，为处于风险中的社区成员提供食品和处方药。如果 Liam 没有及时接听别人的电话，就会有人挨饿。他把自己的电话号码放在传单上，接到了从全国各地打来的电话。他开始雇佣人员、管理预算，并使"Invisible Hands"运作起来。在新冠疫情大流行的第一二个月中，当人们打电话给纽约的政府热线寻求食物时，他们会得到回答："我们无法帮助你，请打电话给'Invisible Hands'。"

Liam 告诉我他永远记得他收到一封来自密歇根州的一位女士的邮件。在邮件中，她告诉他，她 83 岁的父亲独自生活在纽约，被诊断出感染了新冠病毒。每周当"Invisible Hands"的志愿者送食物和药品给她老父亲时，他们会坐在这位老人家门外的不同侧，并聊起他们的生活、恐惧和快乐。这位年过八旬的老人和 20 多岁的年轻人从未见过对方，如果他们在街上相遇，也不会认出彼此，但他们已成为那段时间最知心的朋友。这位女士告诉 Liam 她的父亲已经因感染新冠病毒去世了，但是 Liam 和他的团队能够为她的父亲提供的帮助并不是徒劳的。她告诉 Liam，他们在她父亲生命的最后时光中提供了某种程度的安慰，使他知道他不是孤独的。

Liam 在"Invisible Hands"度过了一个间隔年（gap year）后回到了耶鲁，但校园环境让他感到自己像一个没长大的、被保护得风雨不侵的男孩。他的事业已经被耶鲁之外的真实社会所体现的需求和紧迫感打开。Liam 希望回到基层工作。新冠疫情期间政府的反应提醒了他：他渴望有朝一日从事的公共政策工作有能力改善但也有可能伤害人们的生活。Liam 希望自己坚持做一个道德上有良心、高效的公共服务工作者，他被人们共同的生存困境中团结在一起的故事所感动，但更提醒自己能为改变这些困境做些什么。他已经不愿意只待在象牙塔里延续自己舒适的生活了。

第二位同学叫 Brian，他与 Liam 一样从小在纽约长大，不同的是他出生在一个潦倒的家庭。我自以为他是我在耶鲁认识的最使我敬佩的、最荣幸地能成为他的朋友的人。Brian 很少详细地跟我们讲他的成长经历，但是从他的只言片语中，我知道他曾经有几年无家可归，他优秀的成绩以及对于社会弱势群体真诚的关怀让他赢得了耶鲁的全额奖学金。他是我认识的最好的学生记者和学生作家，他梦想成为作家，但是当我可以毫无顾虑地追逐我的文学梦时，他不得不选择一条更为现实的道路：学医，因为只有这样他才能尽快挣钱，将他的家庭从贫困中带出来。

Brian 来到耶鲁后，积极加入在纽黑文的公益机构，从帮助新移民和难民学习英语、做翻译到去纽黑文医院做义工，再到在校报上发表多篇关于纽黑文无家可归人群和移民人群的文章，Brian 来到耶鲁是因为他要记住他是谁，他从哪里来，以及他可以为他的族群做什么。

我摘录并翻译了一段 Brian 的文字，希望能让读者感受到一些他思想的火花：

"八十五英里以及三小时的 MetroNorth 列车车程将你带到纽黑文，这里的'无家可归'一词仍然蕴含着比应有之意更多的内涵：药物成瘾、盗窃、谋杀，这些问题在让我们国家的'声誉'受损面前被当作罪行加以打压。成为一名无家可归者意味着让身边的人们每 15 秒钟都不得不查看自己的周围，让某些标签将无家可归者的身份凌驾于其他身份之上。人们似乎总能在穿着破旧衣物的他们身上看到隐藏的刀具，也总是担心可能在我不太讲究的饮食习惯中有着某种传染病的风险。

"然而，我并不是一个能够成功脱离这一体制的特例。我远远不如我的兄弟姐妹、父母、家人和朋友们坚强，这些人仍然每天在我们去往舒适的环境后，在残酷的街头经受饥饿、寒冷、流血和性侵的折磨。但他们的故事，永不消逝。它们就在这里，隐藏在纽黑文的雪和纸板之下，等待被揭示出来。

"今天，我在耶鲁大学，住在一个有 14 位楼友的公寓里。多亏了 QuestBridge 和《纽约时报》，我不再担心找不到食物或没有地方住，但我内心的一部分仍然回望着过去。我仍然用手吃面条，我仍然穿着破旧的凉鞋走进课堂。并不是因为没有其他选择，而是因为我选择不去改变。我拒绝忘记纽约，我拒绝忘记还有人在街头挨饿流浪。当世界其他的地方假装忽视我的族群存在时，我不愿忘记。

"所有的泡沫迟早会破裂，即使它有14个住宅学院的规模，或者是位于'城里白人聚居区'的声誉。无论我们是学生还是城市居民，这种认为标签能让我们超越游戏规则或让我们变得更重要的观念都是不存在的。

"耶鲁大学所能做的，所能提供的特权，只是让我们更有机会为世界服务，胜过为我们个人服务，纽黑文不是我们来划分和制造更多分歧的地方，而是一幅需要在所有那些界线之间填色的画。如果当地的商家能记得我们最喜欢的点单，如果地铁歌手能让我们暂时忘记那个可怕的生物学考试，如果低薪工人能捡起垃圾来保持学校的清洁，我们就能回报所有人，尤其是那些无家可归者。我们可以记住那些被掩盖在光鲜亮丽背后的故事，我们可以使新闻成为每个人的东西，而不仅仅是那些获得第三座普利策奖的全球著名艺术家的专属领域。"

我曾经无数次告诉他："我以为我来到耶鲁已经很难了，可是直到认识你以后我才看到了自己曾经拥有的、认为理所当然的、而他人不曾拥有的优越条件，我不知道你是怎么走到今天的，我怎么想都觉得这是一个奇迹，你应得的奇迹。"我总是觉得没有话语足够形容我对Brian的敬佩和他的可贵。

现在，我已经在耶鲁度过了我人生中最不可思议的两年。我依然对于藤校这个概念有着许多排斥。我不喜欢那些出身优渥、何不食肉糜的精英，看似从柏拉图熟读到波伏娃，实则缺乏社会责任感。但我也为自己批判有余、行动不足而感到不齿，为即使受过良好的博雅教育之后，我和身边的同学也难以克服自己身上精致的利己主义感到无力和悲哀。

Liam和Brian，两位最令我惊艳和敬佩的同学，他们从小在美国出生长大，虽然来自经济、文化背景截然不同的家庭，却无一例外地将公共服务作为未来的志向。他们的存在让我相信我在申请文书里曾抒发过的"为天地立心，为生民立命，为往圣继绝学，为万世开太平"的决心可以不只是一纸空谈。

截至我写下这段文字的时候，"哪一刻让你觉得人生实苦"的帖子已经有18.8万关注，2.2亿浏览，25860条回复。我想鼓励你在放下这本书后，与你的孩子一起面对这些真实的但也敦促我们不断为了自己与社会的进步而努力的现实，告诉孩子要好好读书，不仅是为了自己将来不去街上乞讨为生，也要为了让那些被贫困、疾病困扰以及在街上以乞讨为生的人都有机会接受教育、安居乐业而努力。像我们都曾在中学读过的《礼记·大道之行也》中写的那样："使老有所终，壮有所用，幼有所长，鳏寡孤独废疾者，皆有所养。"

让我们一起为这个世界做些事情！

与孩子建立安全依附的关系

威 宇

亲爱的读者,很高兴您能拿起这本书,阅读这些父母与子女之间的故事。无论您是老师,还是家长,或者是在校的学生,我都希望您可以在这本书中看到这些父母对教育做出的真实而努力的探索。这本书无意探讨这些孩子的教育方式和成长路径是否适合其他孩子,而是更偏向于真实地讲述每一个家庭的故事。通过这些家长的声音,您可以看到不同的家长如何从容、有爱、个性化地培养孩子的综合能力,从而在多元维度下促进孩子的成长。

从孩子出生的那一刻起,每个家长都希望自己的孩子是可爱的,自然而然地期待孩子是信赖父母的,是对周围充满好奇的,是可以积极探索世界的宝宝。而这些特质,不仅仅取决于每个孩子不同的天性,更取决于父母与孩子从零岁开始建立的关系。依附理论告诉我们,家长是能为孩子提供信任、爱和支持的最重要的人。心理学家玛丽·爱因斯沃斯的研究揭示了从小建立起"安全依附"的孩子在未来的人际关系和探索世界的过程中,更能产生自信和独立探究的能力。

安全依附是一种健康的、积极的依附方式,表现为孩子在遇到不安、困难或者压力时，会自信地寻求父母的安慰和支持，因为他们相信父母是可靠的、有能力提供安全的环境。当然，当孩子感到安全和舒适时，他们也愿意独立探索外部未知的世界。

作为家长，从宝宝出生开始，这样健康而信任的关系就在慢慢生根发芽了：虽然每个家长都希望给孩子最好的呵护，但并不一定每次与孩子的互动都能让孩子感到安全。以下这些举动，或许都可以帮助父母与孩子建立安全依附的关系：

当孩子需要安慰、支持或者帮助的时候，及时、恰当地响应。比如，当孩子跌倒的时候，第一时间给予孩子充分的关注，但同时不要过分夸大孩子的痛苦，鼓励孩子自己站起来。

尽量保持日常生活的规律性和稳定性，让孩子有一个可以预测的、感觉到安全而放心的环境。这样的规律性可以让孩子知道，在遇到危险时，一定有一个可以值得信赖和依靠的人，能够给予自己支持。

在和孩子的互动中，父母都不要吝啬对于爱的表达。这样的表达可以是身体的接触，例如拥抱，也更可以是直接的表达。特别是对于婴幼儿时期的孩子来说，父母如果能够明确而清晰地表达对孩子的爱，就更容易让孩子感到安全和支持。

教育学家贝蒂·哈特和心理学家托德·里斯利在20世纪90年代对42个孩子进行了长达3年的追踪调查。这些家庭来自不同的社会背景，其中父母所受的教育文化和所处的工作背景也各不相同。研究发现，到3岁时，来自更富裕家庭的孩子听到的词汇数量，几乎是来自最贫困家庭孩子的4倍。具体来说，更富裕家庭的孩子比起最贫困家庭的孩子，到3岁时可能从家长那里多接收到了大约3 000万词汇量，这就是所谓的"3 000万词汇鸿沟"。

　　更加详细地分析后，研究者们得出了这样的结论：孩子成长过程中词汇的差距不仅仅体现在接受词汇数量的不同，富裕家庭的孩子通常听到更多的鼓励、赞扬和提问，而贫困家庭的孩子通常听到更多的命令和负面反馈。以此为基础，研究者们提出：孩子的语言发展受到家庭环境的极大影响，家长的日常对话和互动对孩子的语言发展起着至关重要的作用。诚然，后人对该研究提出了诸多批判，认为研究的样本量太少，很多学者也指出，社会阶层或是家庭的富裕程度并不能代表家长对孩子的关心程度。也有研究表明，"3 000万词汇的鸿沟"有夸大事实的成分，更准确的数字应该在400万左右。抛开研究方法的纰漏，这项研究对我们当代父母也有一些启发：它揭示了家长和孩子的日常互动对孩子一生成长的关键作用。就以词汇为例，词汇差距会导致其他方面的发展差距，例如阅读能力、学校成绩甚至是未来的社会经济地位。一些父母不断强调超前学习和提早努力，是否有可能忽略了同样甚至是更加重要的与孩子相处的宝贵时间呢？

　　随着孩子不断长大，每个父母都将面临孩子逐渐独立甚至远离。很多父母在这时就会开始思考：我为什么要生养后代？我的孩子究竟能为世界带来什么？而心理学家爱利克·埃里克森的心理发展阶段理论指出，每个人生阶段都有一个特定的发展任务需要完成。

　　中年时期，是埃里克森心理社会发展理论中的第七个阶段。这个阶段的人面临的挑战是在"创造"和"停滞"中探索"关怀"的本质。所谓"创造"，指的是作为一个个体，我们能为世界留下哪些高于我们个人的礼物？在这个阶段我们通常会关注自己的事业、家庭以及社区，并思考我们一生的付出能够为社会带来哪些持久的价值。埃里克森说，如果一个人在这个阶段成功地解决了心理社会危机，他们会发展出"关怀"的自我品质。他们会关心下一代，投身于创造性的工作和社区服务，从而获得成就感、自信心和人生的意义。

作为平凡的大多数，或许我们"创造"的方式，就是养育子女。总有一天，我们会从社会的中流砥柱退居边缘，我们的孩子将会肩负起承载社会运转的重担。将心比心，如果我们希望在未来老去时可以被尊重和善待，我们就需要思考，希望自己的孩子成为什么样的人来支撑这个社会？不妨问问自己，当我们老去时，希望什么样的人成为我们的警察、教师、消防员、医生等社会的管理者和进步的推动者？当我们思考这些问题时，或许就能把自己从一部分焦虑中解放出来。

最后，我有几句话写给每一位父母。尽管我们希望在陪伴孩子成长的每一个决定上都做到尽善尽美，但孩子在成长的过程中总会遇到挫折和坎坷。而很多时候，这些所谓的坏事其实也是在培养孩子的"韧性"（resilience）——即个体在遇到逆境、挑战或压力时，能够适应、恢复并保持正常心态的能力。这样的品质，很多时候对于孩子未来一生的发展更为关键。同样，对于父母来说，每个人都不是天生的好父母——做父母也是一个需要不断学习、犯错、修正和进步的过程。希望在这个人生长程中，父母时刻反思自己，同时也能与自己和解，接受并认识自己的情绪，父母保持积极的心态是和孩子共同成长的关键。

跋

我们为何倡导不急不卷的教育

文 照

  这本书面世的机缘,是两年前孩子已上大学的几位"留守父母"聚谈,权哥、林姐和牛犟都在座。权哥、林姐与教育事业都有很深的渊源,他们的孩子也都非常优秀,都可以就自己的家庭教育单独写一本书,但他们一直很低调。在聚谈中牛犟动议,说优秀孩子的家庭各有各的特点,现在孩子们去上大学了,父母们积累的教育经验却十分宝贵,如果集中访谈十几个优秀孩子家长的教育心得并出本书,可以让更多年轻的父母们受益。这得到权哥和林姐的赞许和大力支持,权哥说我们选择综合素质好、有社会责任感、现在快乐、未来目标清晰的孩子的家长进行访谈;林姐说我们的访谈不只是做升学指南，同时要去功利化，请被访谈的家长提取孩子成长过程中最突出的点，能打动人、有启发性以及温暖又有故事性的，入选的家长和孩子应该是多元、多彩的。他们很快组成了访谈小组进行合作，聚谈时我也在场，被三位洋溢的教育热情所感染，作为义工加入了访谈小组，有幸参与了这本书从孕育到出生的全过程。

两年来，从动议到筹划、调研、访谈、写作、出版，这本书的内容不断调整，终于打磨出来。其间虽然经历了种种困难，但访谈小组始终没有放弃。与连续出版的报刊不同，一本书就是一个媒介，自带"流量"，它的价值要从自身来体现，发行也需要自己来获得。我们准备出的这本书主要面向哪些读者？读者喜欢阅读这些访谈文本吗？能对读者真正有所启发、物超所值吗？访谈小组反复讨论，也进行了多次调研。在一次次对优秀孩子家长的访谈中，我们的想法不断得到升华，最终将书名定为《不急不卷的教育》。这是因为，我们在调研和访谈中发现，如今中小学生的家长们大多处于又急又卷的状态，我们访谈的家长们虽然也曾处于同样的环境中，但他们的共同点是对孩子首先有无条件的爱和进行深度互动，然后能做到早规划和采取好的方法，坚持长期主义，不在意一时得失，为孩子的成长打下了比较坚实的基础。这让我们觉得，既要与读者分享如何让孩子进入名校的经验，又不能止步于此。每个孩子都是不可复制的，每个家庭的状况也不一样，这些经验不可能放之四海而皆准，而倡导不急不卷的教育和对一些教育问题的根本性探讨，可以引发年轻的父母们思考并改进自己的教育理念和方法，这对于孩子一生的发展才是最为有益的。

筹划出书前期，我们面向一些中小学家长做了线上调查，也邀请了几十位家长进行面对面的交流，了解他们关注家庭教育中的哪些问题，希望看到怎样的访谈文章。很多家长提出的问题是：孩子成绩滑坡怎么办？缺乏学习主动性咋整？孩子大了不听父母的，我们束手无策咋办？孩子早恋了怎么处理？孩子偷偷在被窝里打游戏如何是好？如何提升孩子对不同学科的兴趣？普通家庭的孩子是不是输在了起跑线上？为什么家长比孩子还焦虑？有家长说："我希望看到被访谈的孩子踩过哪些'坑'，怎么从'坑'里出来还上了名校的。"也有家长说："希望访谈文章总结出这些家庭的经验，我看了能直接拿来用。"

这些家长深深的焦虑和希望得到"灵丹妙药"的诉求，我特别能感同身受。做母亲之前，我也是家庭教育方面的"小白"，这是大多数家长的状态。孩子上学后，学校主要负责学生的学业，具体哪个学生是否快乐、幸福，如何破解难以克服的"瓶颈"，学校常常是顾及不了的。但是，家长要考虑如何在18年的陪伴中为自己孩子一生的发展打下良好的"基座"。因为研究新闻传播，我看到很多有关问题孩子的新闻和"成功"人士"塌房"抑郁的事例，也能听到周围发生的一些类似的案例。我们对孩子的关注不能止于学业，学校以学业为主要的评价标准，社会则是各种力量的博弈，孩子进入社会后常遇到的问题是：面对不能掌控的意外事件、复杂而多变的人性和不公平的现象，难以平衡心态和进行良好的应对。除了身体健康和学业之外，家长要重视培养孩子对人生、对社会、对世界的理性认知和积极心态，培育孩子形成独立的思考和判断，善于迎接挑战和分析、解决问题。所以，这本书力求不同于只做教育、只做学习方法的书，而是希望更厚实一些，给人更多思考。

一些家长对孩子的生活照顾得无微不至，却很少真正深入孩子的内心进行对话；一些家长对孩子干预太多，甚至热衷于给孩子铺路、搭桥，生怕孩子占不了优势、抓不住机会,却忽视了鼓励孩子通过自己的奋斗获得成就感。法国思想家卢梭说:"人们往往只想着如何保护他们的孩子,这显然是不够的。我们应该教育孩子成人后怎样进行自我保护;教育他承受命运的打击;教育他勇敢地面对富贵与贫穷;教育他在必要的时候,也能够生活于冰岛的冰天雪地里与马耳他岛的灼热岩石上。"他在著作《爱弥儿》中,以爱弥儿的成长为线索讲述了一个个故事,其中有很多对人生、社会多方面的深入思考,使这本故事化的图书成为一本教育学经典。

在孩子学习阶段,家长关心的大多是直接的"痛点"问题,解决这些问题不像医生开处方、吃下药就好那么简单。孩子出现问题的背后,是人生的元问题还没有解决,我们要把家长的"痛点"引向"根本点",关注底层和根本性的问题。比如玩游戏的问题,有的孩子不突出,有的孩子特别突出,我们既要看到游戏的正面作用也要看到负面作用。以前大人总认为爱玩游戏是不好的,但游戏也有娱乐和锻炼思维、模拟体验人生等作用,同时也要看到,如果孩子没有在真实的世界找到比游戏更有趣、更有价值的事,就很容易沉迷于具有即时反馈性和沉浸性、体验更加刺激的游戏。家长需要根据自己孩子的情况,考虑对游戏持怎样的态度、采取怎样的方法才是最好的,同时引导孩子接触更多、更美好的事物,追寻更丰富的人生。再比如解决孩子偏科的问题,我儿子在一年级时对数学特别是计算很不喜欢,成绩自然不佳。我跟他讲平常买各种美食和心爱的玩具都离不开计算商品价格,数学在生活中用处很大,又拿"数学乐园"和讲数学之美等类书给他看。他喜欢计算机,就跟他讲数学是计算机的基础,如果能学好数学就能更容易学好计算机。到了高中,他的学长创办了个"数理空间"社团,常拓展讲一些与数学有关的有趣的人物、历史。他知道了牛顿不仅是物理学家还发明了微积分等，愈发感觉到数学的丰富多彩。他读大学后，在物理之外同时修读了数学，热情地去探索智慧、美丽的数学世界。这绝不是多做几道数学题、掌握一些技巧可以达到的效果。当孩子不喜欢某一门学科的时候，我们首先要把这门学科的美妙、价值和真正的精髓告诉孩子，吸引孩子迈进科学的大门自己去探索学习。

书中访谈的家庭和孩子都有鲜明的特点。图南妈有温度地深度陪伴，与女儿一起读书、旅行、看电影，拓展了图南的视野和思考的广度与深度；咸宇妈培养了儿子温暖、靠谱的性格，呵护孩子致力于教育事业的热情；光奕爸与儿子在国际象棋学习中一起成长，孩子的综合素质得以提升，厚积薄发；有嘉妈帮助女儿避开"刷题"和"内卷"，使孩子有更多的时间做自己感兴趣的事；依妈与女儿成为"斗智斗勇"的"天才女友"，帮助孩子纾解压力与烦恼；邵爸对儿子的"慢成长"不急不躁，来自他对大方向把控的自信；鲲妈一家三代温馨有爱的家庭氛围的"松弛感"和必要时协助儿子冲刺，既给了孩子自由成长的土壤，又鼓励他挑战自我；卓妈在"余光"与"暖光"中让女儿自己探索，培养出了热爱传统文化的"宝藏"女孩；腾爸对学习能力超常的儿子，既有早期培育，也"无心插柳"尊重孩子的爱好与选择；晨妈呵护与发展儿子的好奇心，使孩子成长为勇攀科学高峰的有志青年；小理妈是位科研"达人"，在实验室里培养出女儿做科学研究的强烈兴趣；贝贝妈注意学习教育规律，女儿一路优秀又有执着的信念，做自己热爱的公益事业。

访谈的过程是激动人心的。我们被家长讲述的故事、在孩子成长中的用心付出和他们的教育理念打动，感觉自己也被家长们的光彩和热情所照射。他们散发出的对美好生活的向往、对人生和社会的理解、在学习工作中的努力、对孩子的爱，不时震撼我们的心灵。我们发现，那些不被很多家长感觉到是"痛点"的问题其实恰恰是更应该受到关注的，比如是否为孩子营造了爱、温暖、自由和健康的成长环境，自己的言行是否给孩子带来了潜移默化的正面影响，孩子求知的乐趣、思想的视野、人生的格局、成长的规划等。

访谈中，晨妈晨爸说："养育孩子是父母的第二次成长，在我们教育和陪伴孩子的过程中，对知识有了新的追求，对与家人和朋友相处有了新的体验，对生命有了新的思考。孩子虽然掉进过'坑'，但走出这些'坑'后，孩子更坚强和优秀，我们在陪伴的过程中也收获了经验。我们应该感谢孩子的相伴、努力和成长。"这些访谈文章，也是家长和孩子一起成长的记录。读者可以从12个访谈家庭鲜活的样本中，提取适合自己的经验。

本书的主要目标读者是孩子尚在婴幼儿阶段以及上小学和初中的年轻父母。出版前，我们把其中的几篇访谈文章发给身边的朋友，请他们说说自己的阅读感受，算是读者调查。平说："我很认真地读完了文章，每个孩子都与众不同又似曾相识。文字里充满温暖、爱和力量，我发自内心地感动与喜欢。"云说："我羡慕文章里的家长能给孩子高质量的陪伴，最受益匪浅的是家长经验帖里的内容，对照一下目前哪些做到了，哪些没做到，以后还能做什么。"红说："这本书读起来轻松，故事性强，同时又有客观性、专业性。作为一个老师和严肃思考孩子教育问题的家长，这样的文章对我解决面对的问题帮助很大，静下心来读受益颇丰。"

解决问题的方法不是唯一的，陪伴孩子的方式也不是只有一种，需要根据家庭、孩子的具体情况做出合适的选择。比如小理妈让孩子在实验室长大，是与大多数家长不同的方式，培养出的孩子有不一样的优秀。

再比如图南妈陪孩子深度阅读，很有启发性，大多数家长没有能力直接去引导孩子读什么书、怎么读、如何理解书中的内容，但可以有意识地去了解哪些书适合孩子读。有些家长对孩子不爱读书、读的书层次不高或读了收获不大等感到困惑，但从图南妈对孩子的引导，会领悟到读书是慢功夫，要找到孩子的兴趣点，适合孩子的接受能力，不急于求成、揠苗助长，好书中的智慧会慢慢地浇灌、滋养孩子的心灵。读者如果能从这些文章中找出一两个较契合自身情况的例子，找到一些可以参考的方法，并从不同的家庭中发现共同的规律，获得一些理念的启发，这本书就达到了初衷。

访谈文章力求以丰富、深层次的内容，既展现孩子成长中的痛点、亮点，也展现家长对孩子内心的塑造，如何为孩子有价值而幸福的人生做准备，这样的文章会更厚重和耐人回味，成为更有思想穿透力的有生命力的作品。

生活不是风平浪静，而是大江奔流。明代思想家王阳明曾说："人须在事上磨，方立得住；方能静亦定，动亦定。"家长帮助孩子建立起丰富、强大和光明的内心，在挑战中激发潜能，在困难中磨炼意志，在纷争中提升境界，经得起风浪，辨得明方向，成为中流砥柱，由此获得自己的人生价值和社会价值，方能由家长不急不卷的教育达至孩子不急不卷的人生。